ロッジア
世界の半屋外空間
暇も集いも愉しむ場

金野千恵
Chie Konno

学芸出版社

イタリア、パドヴァ、パラッツォ・デッラ・ラジョーネのロッジア。前面のエルベ広場では、朝、色とりどりの露店で賑わう

イタリア、フィレンツェ、パラッツォ・グアダーニの最上階に位置するアルタナ。ローチェアやソファでくつろぎフィレンツェの街並みを眺めながら、昼下がりのシャンパンを楽しむ人びと

イタリア、ボローニャ、サント・ステファノ広場のポルティコ。歩く人々と、昼からお酒とともにゆっくり過ごす人々が重なる

クロアチア、モトヴンのタウン・ロッジア。ベンチのついた腰上の大きな開口部からは雄大なイストラ半島の山々を望むことができる

クロアチア、グロズニャンのタウン・ロッジア。
かつての城壁のエントランス脇に位置する。このロッジアではワークショップなども開催され、多くの人で賑わう

ネパール、バクタプル、スルヤマディ広場のパティ。
新聞を読む若者、広場を眺めくつろぐ老人と子ども、集まって語らう男性たちなど、思い思いに過ごす

ネパール、バクタプルのコーナー・パティ。色とりどりの装いの女性が集まって手仕事をする角地

インドネシア、バリ島、テゲス・カワン・ヤンロニのバレ・バンジャール。お供えづくりや料理など祭りの準備で集い、共働する

タイ、チェンマイの寺院ワット インタラーワート。寺院の堂を結ぶ回廊が地域に開かれており、影の下に、若者たちが集って楽器を奏でる

ベトナム、ハノイ、ハン・ダオ通りの中層住宅にあるバルコニー。住人が鳥や植物とともに過ごす

台湾、宜蘭、湯園溝温泉公園の足湯つき東屋。見知らぬ人も湯に足をつけて集い、至福のひとときを過ごす

台湾、宜蘭、湯圍溝温泉公園の柱廊。柱間にはマッサージチェア・ほぐされる人・仕事をする指圧師が並ぶ

インド、バラナシ、ジアンヴァピ通りの柱廊。日陰の合間を見ながら彫り師が仕事する

中国、浙江省湖州市、南潯古鎮の東屋。寒くとも外で中国将棋やお喋りを愉しみ、共に過ごす男性たち

中国、上海市金山区、楓涇古鎮の三百遊船碼頭。運河の水音と冬の柔らかな日差しは最高の昼寝セッティング

オーストラリア、ブリスベン、ケンブリッジ通りに建つクイーンズランダー。2階の開放的なヴェランダでくつろぐ女性と犬

ブラジル、アカラーの住宅のポーチ。玄関には一面の壁画があり、お気に入りの椅子に腰掛ける夫妻と犬が涼んでいる

ブラジル、ソウレの住宅のポーチ。玄関ポーチの壁面は鮮やかな黄色に塗装され、主人がお気に入りの植物を語る

プロローグ——ロッジアを巡る旅のはじまり
Prologue

ロッジアとの出会い

わたしがロッジアを初めて知ったのは、2006年、留学先のスイス連邦工科大学(ETHZ)、建築家のペーター・メルクリのデザインスタジオにて、彼がレクチャーで話した時だった。ロッジアとは屋根のある半屋外空間のことだ。屋外を楽しめる季節が短いスイスで、地中海の暮らしに想いを馳せながらメルクリが繰り返し自作で用いていたのがロッジアである。彼の設計するロッジアは、ある種の強い形式を持ちながらも、そこでの出来事が使う人に自由に開かれているような、絶妙なバランスを保つ空間としてわたしの記憶に刻まれた。

ロッジアの発祥の地は隣国イタリアで、古くから自然発生的に設けられているが、それが建築言語として華開いたのは14世紀のルネサンス期である。広場に面してアーチの列柱を反復させるロッジアは、壮麗でありながら開放的で、その地の寛容な文化を体現している。ほどなく隣国へ発展するが、やはり地中海地域における人々の暮らしや建築の歴史が、この建築言語の基盤となり、都市の顔を成してきたことは確かである。

当時、メルクリスタジオの設計課題の敷地がヴェネツィアだったこともあり、わたしは週末しばしばイタリアを訪れ、ロッジアを巡ることにした。

ルネサンス文化の中心都市フィレンツェで出会ったロッジアは、広場の一部である吹きさらしの彫刻ギャラリーに人々が集っていたり、大屋根の下の露店や屋台で対話や仕事が繰り広げられていた。都市の活気を風雨から守り、まちへと表出させていた。また、イタリア南部や地中海に浮かぶ島々のロッジアは、風土特有の無名で美しい住宅群に多く見られ、住人が編み物や読書を楽しみ、道ゆく人と視線や挨拶を交わし、家の一部にいながら街路に参加できる場所だった。

外気にさらされるロッジアは、室内のように人間本位には環境を制御できない。でもそれ故に環境の変化に応答しながら過ごせる心地良さがある。ここで人々が経験する気候、建築、まちの魅力は、

イタリア、フィレンツェ、シニョーリア広場の顔となるロッジア・デッラ・シニョーリア

地中海的な暮らしや文化を支える必要不可欠な要素なのだ。

　ロッジアが持つ時代を超えた普遍的な強さに憧れたわたしは、帰国後、大学の修士論文から博士論文[*1]へと継続するテーマとして、近現代の建築作品にみられるロッジアを研究することとなる。こうした感覚的な空間の心地よさを、建築の意匠論として共に育ててくれたのが、大学の師であり建築家の塚本由晴だ。建築構成に時間の概念や都市の意味づけを重ねた師との4年間の議論が私の建築論の礎となっていることは疑いようがない。

　この博士論文の執筆を進めるなかで、建築作品のみならず、パブリックなものから田舎町や小集落にある土着的なものまでを深く知りたいという欲求が強くなり、半屋外空間を求めて世界中のさまざまな地域を訪れる旅が始まった。

暇をすごす場

　2008年、インドのムンバイ近郊の小さな町ナンドゲーアンで、浮遊する老人に出会った。彼は家の庇の下で、小屋梁から吊られたお手製らしきブランコの木板の上にあぐらをかき、読書をしていた。湿った外気、柔らかな反射光と庇のもと変化する影、仄かに揺れるブランコ、傍らで洗濯物を干す妻らしき人。多くの要素が不確定なその状況で、老人はその中にとどまるバランスを見つけ、自然と交歓し、自分の時間に没入しているようだった。何をする必要もない時間、手の空いたような状態を"暇"と呼ぶならば、彼は身体感覚を確かめながら自らの環境を設え、この"暇"の時間を愉しんでいた。

　わたしたちが生きる現代社会では、さまざまなレジャー産業が先回りして暇な時間を満たし、生産と消費のサイクルにわたしたちを引きずり込む。自分がいかに持て余した時間を生きるか、という主体的な「暇の過ごし方」を奪われてはいないだろうか。

　哲学者の國分功一郎は、"退屈や暇"をどう生きるかという問いを立て[*2]、歴史的には定住民族として得た暇な時間や気晴らしが、その後の人類の文化や文明に異質な展開をもたらしたと述べた。わたしたちが、こうした"暇"をもう一度、自分の手元に引き寄せられるなら、主体的な気晴らしに向き合うことができるのではないだろうか。

　さらに、16世紀の建築家アンドレア・パッラーディオは、"遊歩、食事、そのほかの気晴らしのためなど多くの便益に役立

インド、ムンバイ近郊のまちナンドゲーアンで出会った浮遊老人

029

つ"ものとして『ロッジア』を挙げ[*3]、それが「建物を有用にする6要素のひとつ」であることを示した。"気晴らし"という言葉に込められた自由や心地よさの投影は、500年を経た現代にもう一度、着目すべき価値観を提示しているように感じられる。

集い、共働の生まれる場

2018年、インドネシアのバリ島ウブド地区を散策していると、突然、高密度に建て込む街区の角地が開け、大きな屋根の下、色とりどりの草花、食品、装飾のなかで女性たちが何やら作業をしていた。この日、彼女たちはバンジャールと呼ばれる地域の共同体が催す祭事の準備のために集まっており、20代ほどの若手から白髪の混じる女性までが、鮮やかな民族衣装で着飾り、化粧し、生花の髪飾りをつけて生き生きと動いていた。この場所は、バレ・バンジャールと呼ばれる共同体の拠点なのだ。道から目線ほどの高さまで上げられた床には白色タイルが貼られ、鉄筋コンクリートの柱梁が外気にさらされ、二段の屋根からは風の流れと光が取り込まれる。奥には壁と舞台のような小上がりが設けられ、歌や楽器の練習、まちの会合といった日常的な活動をはじめ、冠婚葬祭などの特別な時間に使われる。この拠点は住民によって運営されており、大きく外気に開かれたバレ・バンジャールは、見知らぬ人間をもおおらかに受け容れてくれる。私たちも気がつくとすっかり喋り込んでいた。

近代以降、世界の多くの地域で伝統的な共同体が崩壊し、人間の暮らしは「共」から「個」を起点とするものに変化したと考えられている。しかし、人は個では生き切れない。人口も経済も成長し続けるインドネシアでは、政府のサービス提供が追いつかないこともあり、共同体で自立的に隣人と学び合い、個では成し得ないことを協力し、非常時には助け合う相互扶助の思想[*4]が育まれている。それを支えるのがバレ・バンジャールなのだ。日本においても、近代以降に整備され完結したビルディングタイプから脱却し、人が自由に往来しながらも集い、自立的な活動を支えるような開かれた建築をつくれないだろうか。

インドネシア、バリ島、バレ・バンジャールで集い祭りの準備をする人々

暇も集いも愉しむ場とは

どんな地域でも、半屋外空間で過ごす人々は、道ゆく人を眺めたり、ゆっくりコーヒーを飲んだり、家族や恋人と過ごしたり、穏やかな表情でくつろいでいた。その振舞いは、目的のない「暇」のなかに表出する営みであって、ロッジアはそんな「暇」を生むセッティングの一つであるように思えた。こうした暇のあり様とともに、集まって学びを共有し、故人を偲んで和やかに食事を囲み、共に祭りを準備するとき、人々はとても生き生きとして見えた。こうした「集い」の場がロッジアに見出されることで、単純な作業を越え、個が他者や外界と繋がる場を愉しんでいたように思う。

こうした「暇」も「集い」も愉しめるようなロッジアでは、人々はどのように地域の文化や気候と関わり、暮らしを構築し、維持してきたかのだろうか。暮らしを考え、建築に携わる者として、わたしはこの暇と集いのどちらも愉しめる環境を目指したい。

個人が主体的で居られる気晴らしのセッティングや、賑わいのなかでもひとりで居られる場所など暇を過ごす場には、機能性の追求とは逆の、良い意味での適当さや諦めを含む環境が必要になる。そのとき、密閉された建物内部にとどまらず屋外を伴うことで、音・風・温湿度・明暗といった周囲の変化を受け入れ、完全さを諦めたような許容の場が効力を発揮するだろう。

他方、その場に人が集うことで、他者との間に気遣いや関係性が生まれるような状況を思考してみる。現代において、パンデミックを通して強制的な集いの排除を経験したわたしたちは、集いによって人と共働する愉しみや大切さを再確認している。この先、そうした集いの場を想像するとき、それは会議室のような場ではなく、自由な出入りを許容したり、人のみならず動物や緑など多様な事物の集まるスケール・環境の想定が大切だろう。

わたしが約20年、追い続けてきたロッジアをはじめとする世界の半屋外空間は、使用の目的が限定されておらず、時代や気候、社会の変化を柔軟に受け止めてきた場であり、暇も共働も、個も集団も、静けさも賑わいも、そうしたあらゆる人間の生を愉しむ場であった。いったいそれはどういった特徴に支えられているのだろうか。わたしたちがそれを創出していくためには、スケール、材料、構法、装飾、色彩、都市における配置など建築の特徴と、それを成立させる文化的背景、維持運営の仕組み、メンバーシップといったコンテクストの観察を通して、その正体を知る必要があるだろう。

本書では、この『ロッジア』という建築要素が、"暇も集いも愉しむ場"であるという仮説を立て、建築的特徴やそこでの人間のふるまいを通して、その性質を解明していく。

*1 金野千恵　博士論文『現代建築作品におけるロッジア空間の性格』(東京工業大学、2011年)
*2 國分功一郎著『暇と退屈の倫理学』(朝日出版社、2011年)
*3 アンドレア・パッラーディオ著、桐敷真次郎編著『建築四書』(中央公論美術出版、1997年)
*4 インドネシアでは、この相互扶助を「ゴトンロヨン(gotong royong)」と呼び、互助、相互扶助、協同作業といった意味をなす。

代名詞としてのロッジア

世界の半屋外空間には、ヴェランダやバルコニー、縁側、パティ、といった住宅スケールのものから、ロッジアやキャノピーのような公的な建築にみられるもの、アーケード、ポルティコといった街区や都市スケールのものまで、実際には多種多様な呼称がある。

そこには、光・影・風といった自然要素の変化、仕事や趣味などの日常的な生活の営み、祝祭や葬儀といった共同体における活動など、地域の暮らしのリズムが凝縮されている。また、必ず外部にさらされ街並みの一部となることから、建築の構法や素材の扱い、装飾や色彩にも、地域固有の風土や文化が現れる。

そんな世界の多様な半屋外空間を代表させて、本書では「ロッジア」と呼びたい。イタリア語の「ロッジア」は、建築言語として文化的な背景とともに定義されてきており、今回のように有象無象の半屋外空間の代名詞とするのは、本場イタリア人に言わせれば邪道であろう。しかしながら、住宅のような私的空間にも公的空間にも用いられ、独立した建物としても従属部分としても成立するような高い汎用性を認められる半屋外空間を表す語は他には存在しない。とはいえ、それらを「半屋外空間」という形式言語で括るのは、実に味気がない。やはりロッジアのように謎めいていて、知れば知るほど建築やその背景の魅力に惹きつけられる建築言語を思考し続けたい。そこで、本書で扱う半屋外空間を以下のように定義し、それらの代名詞として「ロッジア」と呼び進めることとする。

- 少なくとも一面が完全に外気にさらされながら、屋根や柱、壁など建築要素によって境界が規定されている
- 建物に付随することもあれば、独立して建つこともある
- 住宅から公共建築まで広く用いられる

地域によって異なる代名詞としてのロッジアが都市のどのような場所に位置し、それがいかなるスケール、材料、構法、装飾、色彩でつくられ、そこで人々がどのように過ごし、維持運営されているのか。本書は、建築家として豊かなロッジアの環境を設計する術を探りたいという欲求から始まったこの調査を、一冊にまとめたものである。

出典
*1 『ENCICLOPEDIA dell'ARCHITETTURA』GARZANTI
*2 『建築大辞典』彰国社、1976、初版
*3 Dizionario Enciclopedico di Architettura e Urbanistica diretto da Paolo Portoghesi』Instituto Editoriale Romano

ロッジア事典

ロッジア
Loggia

14世紀に使われ始めた建築要素で、屋根が柱によって支えられた水平梁に載り、従来ポーチとして建築に付随して開放的な構成をつくるものである。この構成は様々な用途をもち、中世の建築においては市民の集会空間として利用されたり、教会の正面に開放された空間として設けられていた。ルネサンス期には一般に私邸の歓待空間として設けられていた。18世紀からはそれが普及し最初にフランスへ、のちにヨーロッパの各国へと拡がった。*1

1. 少なくとも一方が吹放しになっている廊下。
2. 列柱によって囲まれた独立した建物。庭園や広場に設けられる場合が多い。
（1・2ともに*2）

Loggia del Mercato Nuovo、フィレンツェ、イタリア
Loggia Locorotondo、ロコロトンド、イタリア

アルタナ
Altana

一般的に屋根の上に設けられた小さな塔のような外形をした、テラスまたはオープンギャラリーをさす。北イタリアでは15世紀から16世紀にかけて見られ、イタリアの中部、特にローマではバロック建築の重要な建築要素として位置づけられる。

例｜パラッツォ・ルチェッライ、パラッツォ・マッテイ、パラッツォ・アルテンプス、パラッツォ・ファルコニエーリがある。*3

Pallazo Davanzati、フィレンツェ、イタリア

ポルティコ
Portico

柱廊玄関。普通、列柱がペディメントを支える。英語でポーチ。*2

ボローニャ、イタリア

アーケード
Arcade

1. アーチを連続的に用いた吹放ちの空間。
2. 商店街などの歩道の上部に、日除け、雨除けのために設けられる路上施設。日本では特定行政庁が建築審査会の同意を得て許可したものでなければ建築出来ない。
3. 建物の外壁に付設して、一立面上に並んでいるアーチの連続。ロマネスクに多く見られる装飾的で通路を持たないもの、ゴシック教会堂などに見られる半吹放ちで外door風のものがある。「列拱廊」ともいう。また装飾のために壁付きの柱とアーチによる場合は、盲アーケードという。
(1〜3すべて*2より一部抜粋)

Galleria Vittorio Emanuele II、ミラノ、イタリア

パーゴラ
Pergola

イタリア語の葡萄棚から出た語で、蔓（つる）性の植物を絡ますように造った開放的な洋風四阿（あずまや）。
「緑廊」、「蔓棚」ともいう。*2

グロズニャン、クロアチア

バルコニー
Balcony

1. 建物の外壁から突き出し、室内生活の延長として利用できる屋外の床。
2. 劇場やオーディトリアムなどにある座席の一で、メインフロアより高く、壁から前方に突き出ているもの。
3. 劇場において舞台装置中の手摺の付いた高台。
(1〜3すべて*2)

マウント・ホープ、ニューオーリンズ、アメリカ

ダルマサーラ
Dharmasala

- ネパールにおける多くの町や村にみられる公共の休憩所。サンスクリット語、ネパール語、ネワール語の各々で呼び名が異なるが、サッタル、パティ、マンダパ、チャパットなどがあり、多様な形や大きさで建てられている。
- 主に寺院や神聖な沐浴場など巡礼地の近くにあり、特に巡礼者への休み処として提供されている。
- 一般的に裕福な個人や宗教団体、家族により寄贈され、グティと呼ばれる地域組織により建設と維持管理がされることもある。以下のように規模や形状によって体系化されている。

パティ
Pati

- ダルマサーラの中で最小かつ最も広範囲に分布し、訪問者のための休み処であると同時に、社会的・宗教的な祭事のための集会所として、ネワール社会の近隣住民の共同体を支えている。
- 地面から一段高い床に屋根が付き独立したもの、住宅に組み込まれたもの、既存の建物に寄り掛かる形で設置されたものがある。
- 集落内だけでなく、参道や道路、小道、十字路の近く、あるいは井戸、池、小川、橋の近くに点在し、寺院や神社のそばにもある。

バクタプルのパティ

サッタール
Sattal

- パティの基本プランの上部に一層以上の上階が設けられた構成。
- 1階の正面と側面は木造の柱梁による開廊となっており、上部に格子などで囲まれた空間が拡張されている。
- 訪問客のみならず長期滞在の人々のためにも建てられた。その場合、1階の開放的なプランに対し上階が居住部となる。

バクタプルのサッタール

マンダパ
Mandapa

- パティと同様に多くの機能を果たすが、主に集会所や催事ホールとして使用されるよう設計されている。
- 多くが正方形平面、平屋または数階建ての独立した開放的なパビリオンで、その周りや中で人々が大勢集まることができる。
- 他の建物に従属することはなく、必ず集落の中にあり、独自の重要性を持っている。

カスタマンダプ寺院

バレ・バンジャール
Bale Banjar

- インドネシア、バリ島にある共同体の組織バンジャールが各々で維持、管理する拠点のうち、大きな屋根付きの半屋外空間をバレ・バンジャールと呼ぶ。
- バリヒンドゥーの慣習である冠婚葬祭などを共同で準備、運営するための拠点。歌や舞踏、楽器の練習、祭りの装飾制作、祭事の料理などがここで行われる。
- 日常的にも、体操教室や健康診断など、住民の暮らしを支える活動が行われる。

ケダトン・スメルタのバレ・バンジャール、バリ、インドネシア

ファイブ・フット・ウェイ
Balcony

5フィートという名のごとく、5歩分（約1.5m）の幅を持つこの屋根のある歩道は、マレーシア、シンガポール、インドネシアの店の前に連続し、その多くが商業活動に使用される。実際には5フィートより狭い場合も広い場合もある。

エメラルド・ヒルのショップハウス、エメラルド・ヒル、シンガポール

東屋
Azumaya

1. 古代においては寄棟造りの建物。草葺き民家に多く、あずま（辺鄙または東国）の田舎屋を暗示している場合が多い。切妻屋根の建物より社会的地位は下とされていた。
2. 天文年間の『運歩色葉集』によると、四方に壁のない屋の総称。
3. 庭園中に設けられる休憩用の屋。草または樹皮葺きの方形の屋根を4本柱で支え、四方を吹放ちとしている。現在は、多角形や円形のものもある。「亭（ちん）」、「亭（てい）」、「四阿（しあ）」、「園庭」ともいう。
(1〜3すべて*2より一部抜粋)

———

南潯古鎮の東屋、湖州市、中国

ポーチ
Porch

1. 中世フランス語のporche、ラテン語のporticusからきた語で、元来は門、入口、通路を指す。
2. 建物の本屋根とは別の庇を持ち、壁体から突き出ている建物への入口。
3. 一種のベランダ。建物の外にある開放的または閉鎖的なギャラリーまたは室。
4. コロネードのように柱に支持された屋根を持つ吹放ちの歩廊。(1〜4すべて*2)

———

ショットガンハウスのポーチ、ニューオーリンズ、アメリカ

ヴェランダ
Veranda(h)

1. 建物の外周に沿って長く造られたポーティコまたはギャラリー。側面は全部または部分的に開放され、通常は屋根付きである。屋根は多くの場合規則正しく並んだ柱で支持される。ヒンドゥー語に起源を持ち、英語ではポルトガル語のverandaからくる。
2. 我が国では建物に外接して造られた屋根付きの縁状のもの。床は板、石、煉瓦その他で舗装される。
(1・2ともに*2より一部抜粋)

———

クイーンズランダーハウス、ブリスベン、オーストラリア

縁側
Engawa

和風住宅の畳敷きの室の外部に面した側に設ける板敷きの部分。元来、縁と縁側は同義であったが、現在では縁はどちらかといえば濡れ縁式の建物の外部に設けられるものを指し、縁側は主に建物内部に設けられるものを指して用いられることが多い。単に「縁」ともいい、民家では「えんね」、「えんの」、「えんや」など地方によって各種の呼称がある。
(*2より一部抜粋)

———

民家の縁側、京都、日本

濡れ縁
Nureen

家屋の外側に設けられる雨晒（あまざら）しの縁側。普通の縁側は長手方向に縁板を張るが、濡れ縁では縁と直角方向に張ることが多い。「縁」、「雨縁」ともいう。*2

———

居蔵の館、福岡、日本

雁木
Gangi

新潟・青森県地方などのような多雪地帯において、民家の軒から差し出された庇で、その下を通路としているもの。現在は主として町屋に見られるが、古くは農家にも設けられていた。今は雁木の柱間に板戸やガラス戸を立て掛けるが、古くは「ろくところ編み」の葭簀（よしず）や「がっぽ」の菰（こも）を垂れかけた。なお雁木下は今は公道であるが、古くは個人の屋敷の一部であったらしい。既に江戸初期から見られる。「雁木造り」、「雁木通り」ともいう。
(*2より一部抜粋)

———

黒石こみせ通り、青森、日本

527のロッジアの採集

ロッジアをもつ現代建築作品をテーマに研究を行い、修士、博士論文を執筆するとともに、2010年からこれまで、19カ国、74都市を対象に土着的なロッジアの調査を行い、527のロッジアを採集してきた。地域ごとに異なるその名称や起源、植民地政策等を含む文化の伝播について調べるとともに、建築論や歴史的文献における言及、記述の調査を行うことで対象地を選定した。実際の調査にあたっては、東京工業大学の塚本由晴先生や、塚本研究室の同級生・後輩による協力、私が勤めてきた日本工業大学と京都工芸繊維大学の金野研究室の学生による協力、設計事務所tecoのスタッフによる協力、また各国の協力研究者などが支えとなってきた。こうして多くの仲間たちとロッジアの魅力を共有できたことも一つの価値だろう。また、調査として訪れたわけでなくとも、良いロッジアに出会うと写真と実測を行う習性が身についており、15年続くこの調査は、もはやライフワークとなっている。

本書では、数多く訪れた対象地のなかから特色ある地域を選出するとともに、文化的背景の類似する複数都市をまとめることで、9カ国13地域に焦点を当てることとした。この調査の契機となったイタリアには、今もなおロッジアが豊富に存在し、複数の地域に異なる特色が見られたため4地域に渡って紹介し、中国も同様に2地域を挙げている。調査をしたものの、本書で扱っていない事例もあるが、その紹介はまた次の機会まで温めておきたい。

ネパール、バクタプル、スルヤマディ広場でのヒアリング調査の様子

調査と記述

調査においては、住宅や公共建築にみられるロッジアの写真撮影、実測調査、その場に居る人々へのヒアリングとともに、都市における位置付けを観察した。時には、一日に複数回訪れ、時間帯によって異なる使用方法を観察したり、人々の記憶や口伝からかつての使用方法を聞き、文献調査を含めることで、各事例における使われ方の幅が認められた。

本書ではこうして採集した527のロッジアのうち、46事例を断面パースペクティブで描画し、各々のスケールや設えと共に、人のふるまい、暇な時間の過ごし方や集いのあり様の描写を加えている。この人の描画には2種類あって、歴史的に見られたかつてのふるまいをセピア色の点景で、取材時に見られた現在のふるまいを黒の点景で描き分けている。これによって、用途を限定しないロッジアのポテンシャルの発見に繋がるだろう。さらに、ロッジアの先に広がるまちの広場や道といった都市の風景を合わせて捉え、描くことで、ここで過ごす時間を取り囲む環境の範囲や要素もイメージできると考えた。そうした視点で、空間の特徴と共に、人々のふるまいや周囲との関係を感じ、楽しんでいただけると良いだろう。

セピア色の点景：
歴史的に見られたかつてのふるまい
（判決を行う裁判官、散歩するカップル）

黒の点景：
取材時に見られた現在のふるまい
（風景を楽しむ人々、隣接するカフェで接客・食事を楽しむ人々）

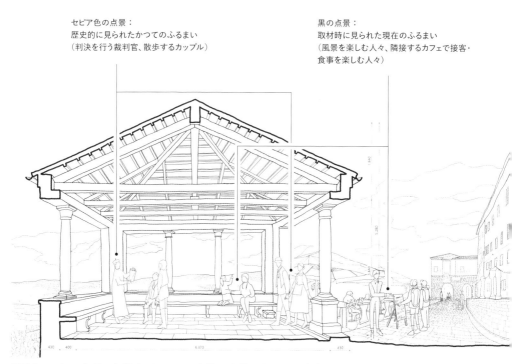

断面パースペクティブの読み方（参考：クロアチア、モトヴン、モトヴンのタウン・ロッジア）

目次

028	プロローグ ──ロッジアを巡る旅のはじまり
032	代名詞としてのロッジア
036	527のロッジアの採集
037	調査と記述
042	世界のロッジア空間 調査マップ

01 彩り豊かなロッジアのアーチが連なる漁師の島

044 **プロチダ島**
PROCIDA, Italy

046 イエロー・ハウス
Yellow House

050 キアイオレッラの家
House in Marina Chiaiolella

054 ブルー・ハウス
Blue House

058 カザーレ・ヴァシェッロ
Casale Vascello

02 広場を壮麗に形づくるロッジア発祥の都市

062 **フィレンツェ**
FIRENZE, Italy

064 ロッジア・デッラ・シニョーリア
Loggia della Signoria

068 ロッジア・デル・ペッシェ
Loggia del Pesce

072 捨て子養育院
Spedale degli Innocenti

076 パラッツォ・ダヴァンザーティ
Palazzo Davanzati

03 農村や運河で各々にロッジアの発展した北イタリア

080 **ヴェネト**
VENICE·VICENZA·PADOVA, Italy

082 ラ・ロトンダ
La Rotonda

086 バシリカ・パッラディアーナ
Basilica Palladiana

090 パラッツォ・デッラ・ラジョーネ
Palazzo della Ragione

094 カ・ドーロ
Ca' d'Oro

04 ポルティコによってまち全体がつながった文化都市

098 **ボローニャ**
BOLOGNA, Italy

100 セッテキエーゼ・カフェ
Settechiese café

104 カーサ・イゾラニ
Casa Isorani

108 サンタ・マリア・デイ・セルヴィのポルティコ
Portico di Santa Maria dei Servi

05 旅人をロッジアで
迎え入れてきた城壁都市

112 イストラ
ISTRIA, Croatia

114 モトヴンのタウン・ロッジア
Gradska loža Motovun

118 スヴェティ・ロヴレチの教会ロッジア
Crkva loža Sveti lovrec

122 グロズニャンのタウン・ロッジア
Gradska loža Groznjan

126 ソヴィニャックの教会ロッジア
Crkva loža Sovinjak

06 祈り、水汲み、暇を支える
パティがひしめくまち

130 バクタプル・パタン
BHAKTAPUR·PATAN, Nepal

132 ミシン屋のパティ
Sewing shop's pati

136 コーナー・パティ
Corner pati

140 スルヤマディ広場のパティ
Pati in Suryamadhi Square

144 パタンのマニ・マンダパ
Manimandapa in Patan

07 共同体の拠り所
バレ・バンジャールが点在する島

148 バリ
BALI, Indonesia

150 ロータス・カフェ
Lotus Cafe

154 テゲス・カワン・ヤンロニの
バレ・バンジャール
Bale Banjar Teges Kawan Yangloni

158 トゥルニャンのバレ・バンジャール
Bale Banjar Trunyan

162 バンジャール・パンクンのポスカムリン
Poskamling Banjar Pangkung

08 高密化都市の暮らしを愉しむ
テラスの反復するまち

166 ハノイ・ホイアン
HA NOI·HOI AN, Vietnam

168 ハン・ダオ 鳥の家
Hang Dao Bird House

172 タン・コン団地
Thành Công Apartment

176 チャンフー通りのカフェ
Pho Cho Bazar cafe Tran Phu STREET

039

09 アジアの食と暮らしを支える
ホーカーが生まれた国

180 # シンガポール
SINGAPORE

182 サイドアルウィ・ロードの
ファイブ・フット・ウェイ
Five Foot Way in Syed Alwi Road

186 マックスウェル・ホーカーセンター
MAXWELL Hawker Center

190 チェンヤン・コート・コーヒーショップ
Chen Yan Court Coffee Shop

10 気晴らしを支える
歩廊の続く水の都

194 # 上海・湖州・杭州
SHANGHAI·HUZHOU·HANGZHOU,
China

196 南潯人家飯店
Nanxun Renjia Restaurant

200 三百園遊船碼頭
Sanbaiyuan Cruise Terminal

204 湧金楼
Yongjin Lou

11 屋根のある橋や舞台が
まちの要所をなす山岳都市

208 # 成都・阿垻
CHENGDU·ABA, China

210 黄龍渓古鎮の古戯台
Old Drama Stage in Huanglongxi Old Town

214 陳家水碾橋
Chen's Water Quern Bridge

218 西索村の転経橋
Zhuanjing Bridge in Xisuo Village

12 小さな間口に家具の溢れる
バルコニーが続くまち

222 # ニューオーリンズ
NEW ORLEANS, U.S.A.

224 ダブル・ショットガンハウス
Double Shotgun House

228 キャメルバック・ショットガンハウス
Camel back Shotgun House

232 トロピカル・アイル
Tropical Isle

13 地形と洪水に適応し 温暖気候を愉しむヴェランダのまち

236 ブリスベン
BRISBANE, Australia

238 アイザック通りのクイーンズランダー
Queenslander in Isaac St.

242 ケンブリッジ通りのクイーンズランダー
Queenslander in Cambridge St.

246 レガッタ・ホテル
Regatta Hotel

250 ピープルズ・パレス
People's Palace

254 調査日程・調査協力者・写真撮影者リスト

255 あとがき

参考文献

・金野千恵『現代建築作品におけるロッジア空間の性格』東京工業大学博士論文、2011年
・國分功一郎 著『暇と退屈の倫理学』朝日出版社、2011年
・アンドレア・パッラーディオ著、桐敷真次郎編著『建築四書』中央公論美術出版、1997年
・布野修司 編『世界住居誌』昭和堂、2005年
・Köppen-Geiger Global 1-km climate classification maps, GloH2O, https://www.gloh2o.org/koppen/（最終閲覧 2024年10月10日）
・The world—Religions, Diercke International Atlas, https://www.diercke.com/content/world-%E2%80%94-religions-978-3-14-100790-9-23-3（最終閲覧2024年11月26日）
・鵜沢隆・伊藤重剛 著『世界の建築・街並みガイド3 イタリア／ギリシア』エクスナレッジ、2003年
・ヨーロッパ建築ゼミナール 編『ヨーロッパ建築600選』工業調査会、1991年
・二川幸夫 企画、鈴木恂 解説『Global Interior世界の村と街 #3地中海の村と街』A.D.A. EDITA、1975年
・Giancarlo Cosenza, Mimmo Jodice『Procida. a Meditteranean architecture』CLEAN, 2016
・赤松加寿江 著『15世紀フィレンツェにおけるシニョリーア広場の儀式空間としての機能—リンギエラとロッジア・デッラ・シニョリーアの役割について—』日本建築学会計画系論文集、2005年4月
・B. Teodori ed.『PALAZZO DAVANZATI e FIRENZE』EDIFIR, 2018
・Travirka Antun『ISTRIA』Forum, 2001
・Purusottam Dangol『Elements of Nepalese Temple Architecture.』Adroit Publishers, 2007
・Wolfgang Korn『The Traditional Architecture of the Kathmandu Valley.』Ratna Pustak Bhandar, Nepal, 2010
・藤岡通夫 著『ネパール 建築逍遙 ―本の古柱に歴史と風土を読む』彰国社、1992年
・「アジア城市（まち）案内」制作委員会 著『ネパール001はじめてのカトマンズ』まちごとパブリッシング株式会社、2016年
・Christina Gantini『ARSITEKTUR 'BALE BANJAR' ADAT SEBAGAI REPRESENTASI ARSITEKTUR PERTAHANAN MASYARAKAT DENPASAR DI BALI』SEMINAR NASIONAL ARSITEKTUR PERTAHANAN (ARSHAN), 2014
・Hao Dung『Hanoi: Traces Of The Old Days.』Lao dong, 2014
・Julian Davison『SINGAPORE SHOPHOUSE.』Laurence King Publishing, 2011
・四川省地方年代記局 出典「[民族村]四川省西部嘉隆チベット村の西蘇民俗住宅『陳燕』
・『地球の歩き方 上海 杭州 蘇州』ダイヤモンド社
・黒川直樹・田中厚子・楠原生雄著『世界の建築・街並みガイド6 アメリカ／カナダ／メキシコ』エクスナレッジ、2004年
・東京大学建築学科 香山研究室 編『アメリカ建築案内』工業調査会、1989年
・Douglass Baglin『The Australian verandah.』Ure Smith, 1976
・戸田穣哲郎・金野千恵・塚本由晴ほか著『ベランダの変形からみたクイーンズランダーの構え』日本建築学会大会学術講演梗概集、2012年9月

世界のロッジア空間 調査マップ

- 🟠 本書で取り上げている地域
- ⚫ これまでに訪れた地域

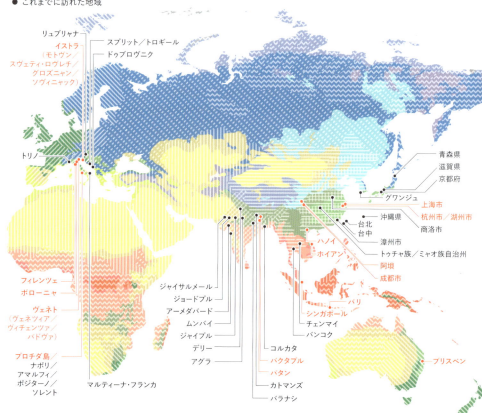

調査地の気温特性

右図は、本書で取り上げる地域の気候を、気温のパッシブ気候図で示したものである。パッシブ気候図は、小玉や武政らの研究*1を通して作成された、地域ごとの月別、時間別の「気温」、「相対湿度」、「日射量」、「風向速度」の4種を等高線図で示す方法である。シンガポール、インドネシアのバリ、オーストラリアのブリスベンの3地域では通年の気温差が小さく、一年を通した屋外利用が想像できる。また、クロアチアのイストラや、中国のアバ・チベット地区などは、寒暖差が激しいものの、限られた温暖な気候を楽しむ場としての屋外空間が想像できる。その他の地域は日本の本州の気候図とも類似し、通年で20度以上の気温差があることから、夏期や中間期を中心とした季節ごとの利用が想像できる。

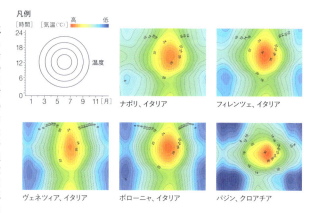

042

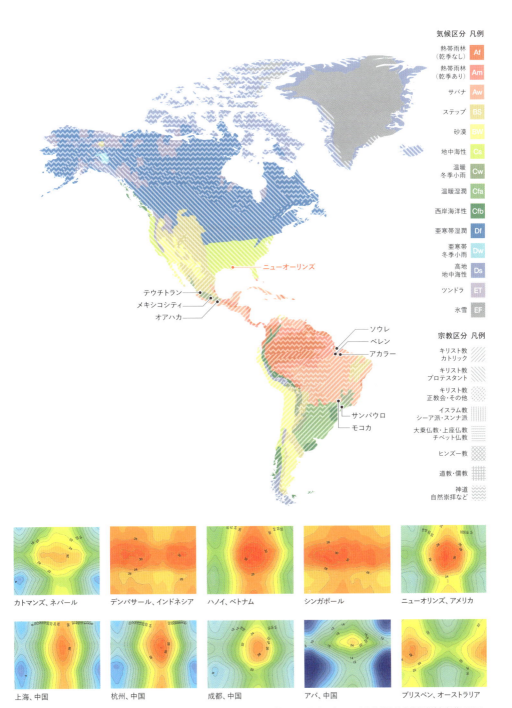

参考文献 *1 小玉祐一郎、武政孝治、松元良枝、宮岡大「設計支援のためのパッシブ気候図の作成と活用」日本建築学会大会学術講演梗概集、2014、pp.523-524 | パッシブ気候図作成：LEAD Labo.、武政考治

043

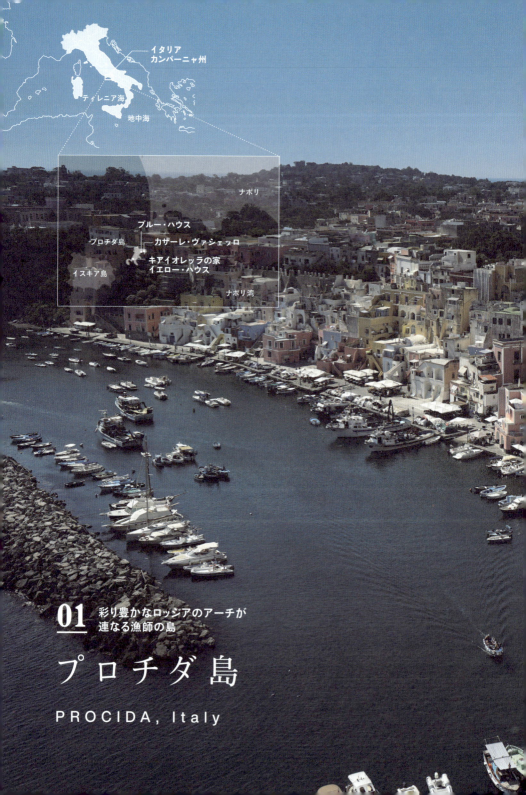

01 彩り豊かなロッジアのアーチが連なる漁師の島

プロチダ島

PROCIDA, Italy

イタリアの島文化

イタリア第3の都市ナポリからフェリーで40分ほどの位置にあるプロチダ島は、地質学的には4つの火山の噴火によって島が誕生し、その全体面積は約4km²、外周は約16kmである。島の形状はナポリ港へ向かう犬のようにも見えて愛らしい。古代ローマ時代には富裕層の別荘地として、さらに中世には火山地形の高低差や急斜面を活かして要塞都市として発達した。その後15世紀頃に漁村へと転じ、現在は人口1万人ほどの住民が暮らす島である。徐々に観光産業も成長しているものの、島の経済は依然として海洋産業との関わりが大きく、まちを歩くと人々の海の生業がうかがえる。

漁師町のヴァナキュラー建築

プロチダ島は、港へ着くとまずオレンジ、黄色、サーモンピンクなど色鮮やかなスタッコ（化粧漆喰）で塗られた住宅が隣と壁を共有して長い都市壁のように建ち並ぶ。海の青とそのカラフルな住宅群による対比は地中海らしい情景の1つといえ、文学や映画で度々用いられてきた所以でもある。住宅群には、ひときわ目を引く大きなアーチ型のロッジアや開口部が反復し、さらに縦に2分割した半アーチや切り欠かれた斧型アーチなど、自由に変形されている。現在、護岸整備されている水際はかつて砂浜だったそうで、1階に船を入れる艇庫、上階に住居という建築の原型が、長年の暮らしで改造を経て風景をつくり出している。

島の北東部に位置するコリチェッラ漁村から見たプロチダ島

イエロー・ハウス
Yellow House

プロチダ島のキアイオレッラ湾に面する住宅に設けられたロッジア。かつて船が格納された間口いっぱいの大きなアーチ開口が、現代の暮らしに合わせてカスタマイズされている。上の写真左端の黄土色の住宅では、壁面の内側が白く塗られたアーチが穿たれ、その間口が2つに分割されている。片方はアーチの1/4程度の間口を使って2階住戸への階段とエントランスとなり、もう一方は残りの3/4のアーチを使った屋外の居場所となっている。

　大きな方にはシャワーやベンチが設けられ、訪れた日は、このロッジアで海水浴を終えてシャワーを浴びるブロンズ髪が美しい母と、2階の部屋の掃き出し窓から顔を出した青い短パンの少年が会話をしており、その愛らしく鮮やかな光景が目に焼きついた。

キアイオレッラ湾に面して並ぶカラフルな家々のファサード

上　1、2階がつながり生まれる会話
下　海から戻ってここでのシャワーは最高
右　簾とテーブルセットが設けられ、
　　海から戻るとここで一休み

PROCIDA, Italy

01 | プロチダ島

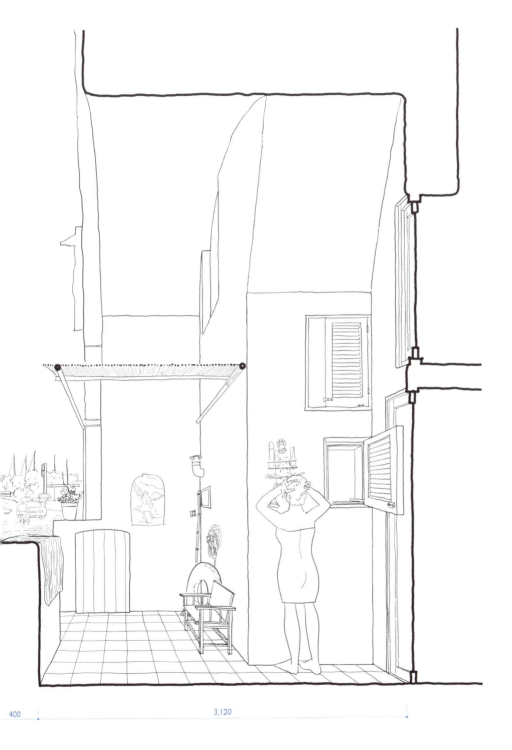

PROCIDA, Italy

キアイオレッラの家
House in Marina Chiaiolella

キアイオレッラ湾に面する住宅のロッジア。海岸沿いに壁を共有して建つ2〜3階建ての住宅は、海からも自宅がすぐわかるようにカラフルな色で塗り分けられている。かつて船が格納されていたアーチ型の開口部は、その深い空間の奥の居室へと反射光を取り込むためか内側が白く塗られており、明るい居場所としてカスタマイズされている。この住宅はアーチ型の半分の間口をもち、小さな空間ながらも造り付けのタイル張りのL型ベンチが2ヶ所と、シャワーが設けられている。2階の開口部も同じロッジアを介して舟着場や海が見える。

ここでは住人のマダムがこの地域で皆が愛してやまないリモンチェッロを勧めて下さり、それを片手にベンチに座って海を見ながら話した。ほろ酔いのなかでみた美しい光景は楽園そのもの！

上　リモンチェッロを片手に談笑
左　ロッジア内の造り付けのベンチと水回り
右　ロッジアに差し込む日差しと美しい植物の影

キアイオレッラ湾に面するファサード。ゴミ袋すらルーバーや柵と調和して見えるから不思議

052　01｜プロチダ島

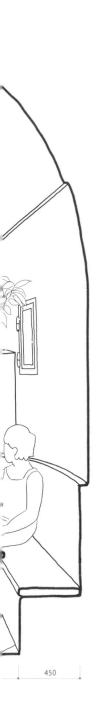

450

PROCIDA, Italy 053

ブルー・ハウス
Blue House

プロチダ島の最も古い漁村コッリチェッラにある住宅のロッジア。この集落は、地形の傾斜面を利用して2、3階の色とりどりの住宅がひな壇状に積み重なり住宅群が構成されている。奥の住宅へと向かう階段下の傾斜空間は、かつて船を格納していた大きなロッジアでもあり、現在はそれが3つの開口部に分割されている。1階の2つのロッジアはいずれも全面開放できる折れ戸がつき、一方は1階のみの住宅、もう一方はメゾネットとなっている。1階は日光を浴びながらバーベキューを楽しめるスペースで、2階のロッジアは、しっくい壁が滑らかに連続してつくられたベンチがアーチと共にニッチ空間を生んでいる。

短時間の訪問だったが、2階のロッジアベンチではその心地よさに眠りに誘われた。

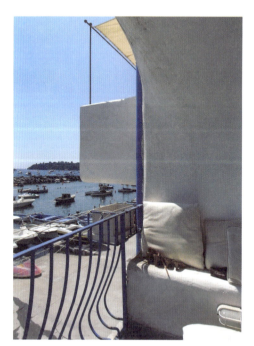

上　2階ロッジアの造り付けベンチ
右上　洞窟のような空間が奥に続く住宅内部
右下　住宅内部からロッジア越しに見る海

3つの異なる形状のロッジアが組み合わさり、1つの階段を成す特徴的なファサード

PROCIDA, Italy

PROCIDA, Italy

カザーレ・ヴァシェッロ
Casale Vascello

17世紀、プロチダ島の内陸部、城壁の外部へとまちが拡大した際に、最初に形成された集落の中核をなすカザーレ・ヴァシェッロ。集落への入口はプリンチペッサ・マルゲリータ通りとサリタ・カステッロ通りの2か所にある。2段に積み重なったアーチ型天井のロッジアが中央の広場を囲い、夏には文化的な催しのための小劇場としても使われている。それぞれのロッジアにはエントランス、階段室、テーブルセットやメゾネットの小窓などが所狭しと配置され、それらの物や活動が広場空間の親密さをつくり出している。

　この小さな街区では、いつ訪れてもロッジアの腰壁をカウンターに見立てて身の回りの物を置いて楽しむ住民たちが必ず居り、親密な雰囲気に迎えられるような気分を味わえる。

広場に面して並ぶカラフルな家々のファサード

ロッジアに溢れ出る
各家庭のモノ

上　家々のロッジアで囲まれた広場はまるで劇場
下　ロッジアを通った光が室内を明るく照らす

PROCIDA, Italy

01 | プロチダ島

PROCIDA, Italy

02 広場を壮麗に形づくる
ロッジア発祥の都市

フィレンツェ

FIRENZE, Italy

ルネサンスの中心都市 フィレンツェ

イタリア中部に位置する、トスカーナ州の州都。都市部はなだらかな丘陵地帯に囲まれ、周縁では肥沃な土地に農園や葡萄畑など果樹園が広がり、ヴィラ建築とともにトスカーナの風景をつくっている。

　紀元前1世紀頃にローマ帝国の軍事植民地として建設され、1115年に自治都市、13世紀に共和制となって周囲の肥沃な平野の支配を進めた。14〜16世紀にかけては、毛織物業と金融業で栄え、富を得た指導者たちが文化的な事業に着手し、ルネサンスの中心地としての卓越した地位を築いた。現在は観光業とともに、繊維工業、ジュエリー、ガラス・窯業といった工芸文化の盛んな都市である。

ロッジアの起こりと発展

ルネサンス様式（ギリシャやローマ時代の古典様式の文化を復興しようとする文化運動、芸術様式）は、15世紀初頭のフィレンツェを中心に興ったこともあり、旧市街の大部分はルネサンス時代の黎明期につくられている。この頃、広場を中心に計画された都市の要所には祭礼や儀式を支えるもの、市場の覆いとなるもの、教会に付属して人々の待合となるものなど、多様なロッジアの展開が見られた。また高密化するフィレンツェの都市部では、開廊が建物上階に設置され、ロッジアあるいはアルタナなどと呼ばれている。

捨て子養育院のロッジアから見るサンティッシマ・アンヌンツィアータ広場

シニョーリア広場に集う人々の背景となる堂々たるロッジアのファサード

ロッジア・デッラ・シニョーリア
Loggia della Signoria

シニョーリア広場に面し、儀式を執り行う環境整備の一環として1382年に建造されたロッジア。この広場では15世紀、宗教や政治に関する様々な行事が行われたが、ロッジアは特にその開放性、透明性から祭事や娯楽のための空間としても使用された。その後、コジモ1世の統治時代には彼の槍兵であるドイツ傭兵のための空間として、さらには小麦の配給所として使用されるなどを経て、現在はロッジア背後にあるウフィツィ美術館の一部である屋外彫刻ギャラリーとして使用されている。

三連アーチが広場に向かって大きく開き、人々が自由に出入りできるギャラリーでありながら、屋外コンサートステージとなって音楽会が催されることもある。展示されている彫刻の周囲のベンチには、ウフィツィ美術館を鑑賞し終えて、休息する人々でいつも賑わっている。

このロッジアを訪れると、自分がフィレンツェの歴史につながる気持ちになる、わたしのロッジア研究の原点。

左 大きな気積のロッジアに設置された
　 多数の彫刻
上 身長の倍ほどある基壇と躍動感ある彫刻
下 基壇脇のベンチで休む人々

065

FIRENZE, Italy

ロッジア・デル・ペッシェ
Loggia del Pesce

オリジナルは、ポンテ・ヴェッキオ（ヴェッキオ橋）の付近に広がっていた魚市場を収容するため、16世紀にジョルジョ・ヴァザーリの設計によってレプブリカ広場に建造された魚市場のロッジア。一度解体され、その後現在のチョンピ広場の北側に復元された。9つのアーチが並び、幅が広いが奥行きはアーチ1スパン分と非常に浅く、独特のプロポーションをもっている。ヴォールトの天井を支える角柱と円柱が交互に並び、軽快なリズムをつくっている。かつては、アーチの各スパンからオーニングが張り出し、賑わいのある魚市場であった。

現在は、広場の骨董市の際には移動式店舗が広がる。日常的にはテーブルセットが並んでバールのテラス席として使用され、夕方以降は人々がくつろいでワインを飲む風景がある。

平面のプロポーションの美しさ、柱のリズムある配置など、小さいながらも卓越したロッジア。

チョンピ広場とピエトラピアーナ通りを繋ぎながら分かつロッジアのファサード

左 角柱と円柱のリズミカルな組合せが支える
　 ヴォールト屋根
上 ライトアップにより広場を灯す
下 市場の無い時は人々の休憩場となる

069

FIRENZE, Italy

捨て子養育院
Spedale degli Innocenti

サンティッシマ・アンヌンツィアータ広場に面する、捨て子養育院のロッジア。ルネサンス期の1419年、フィリッポ・ブルネレスキによって設計されたフィレンツェの代表的な建築で、ロッジアはその広場側ファサードをなしている。長手の突き当たりには、赤ちゃんを預ける回転扉が設けられ1875年まで使用されていたが、現在は子どもの活動を支える機関、博物館となっている。回廊は約71m、天井は9つのヴォールトで覆われ、コリント式の柱頭をもつ繊細な円柱がアーチを支え、その柱間やアーチには厳格なプロポーションが用いられている。16世紀には広場を囲む他の建物にもロッジアが設けられ、コの字型のロッジアで囲まれた広場は、座るだけでその華やかさに触れられる。

　サンティッシマ・アンヌンツィアータ教会のロッジアをステージに見立てると両脇のロッジアがバルコニー席と化し、広場を含めて見事な舞台空間に！

上 内部に入ると広がる
　　3段ロッジアの中庭
下 かつて使われた
　　赤ちゃんポスト
右 広場から9段上がる階段には、
　　多くの人々が腰をかけて休む

サンティッシマ・アンヌンツィータ広場を囲む、細い柱の反復が美しいロッジア

サッセッティ通りからの外観、建物の最上部に大きな陰の溜まりをつくる

パラッツォ・ダヴァンザーティ
Palazzo Davanzati

14世紀半ばに建てられ、現在博物館として公開されている4階建てのパラッツォ（宮殿）。中世のパラッツォの設えがよく残っており、当時の塔状住居からルネサンス期の建物への移行期にあたる13世紀特有の建築構造をもつ。小さな間口の同一平面が積層して中庭をもつ、当時のフィレンツェを代表する都市型住宅だが、中庭の広さも十分でなかったため、16世紀になると、最上階に4本の柱と2本の付け柱で支えられたロッジアが設けられ、空に近く外部空間を楽しむ場となった。屋上のオープンギャラリーを意味する"アルタナ"とも呼ばれる。かつて、ポルタ・ロッサ通りに面する1階では、三連のアーチからなるロッジアで商いをしていたが、現在は扉がついて内部空間とされ、博物館のエントランスロビーとなっている。上階のアルタナは非公開だが、記録写真などからまちを眺める絶好の場所だったことが窺える。

　いつか訪れたい、空へと向かうロッジア。

左　吹き抜けに面する立体的な回廊
右　美しい装飾で覆われた
　　「オウムの間（サラ・デイ・パッパガッリ）」

FIRENZE, Italy

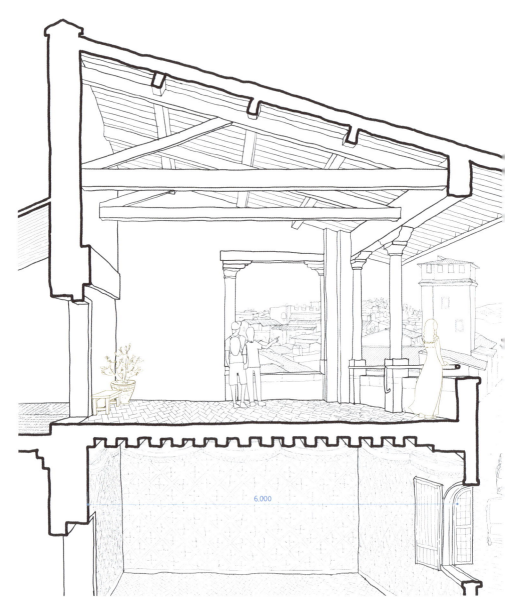

02 | フィレンツェ

FIRENZE, Italy

多様な文化の交わるヴェネト州

ヴェネツィア、ヴィチェンツァ、パドヴァは、イタリア北東部に位置し、東南でアドリア海に面するヴェネト州の主要都市である。ビザンチンやイスラムの文化の影響を色濃く受け、沿岸部の煌びやかな文化とともに、内陸部にはアルプスの雪解け水を利用した農業の盛んな穏やかな地域が広がる。

パッラーディオ建築の舞台：ヴィチェンツァ

ヴィチェンツァは、元来、湿地であった土地へローマ帝国の時代に城壁を巡らせ、城郭都市として発展したまちである。ルネサンス期の建築家アンドレア・パッラーディオは、市街地には重厚な街並みと調和したパラッツォ、郊外には農の風景や森林のなかに佇むヴィラといった多くの建築を手がけ、地域の建築文化の繁栄に大きく寄与した。

イタリア南北を繋ぐ中継都市：パドヴァ

ヴェネト州の中央部、ヴェネツィアとヴィチェンツァの中間に位置するパドヴァ。南北を繋ぐ中継地点としての役割を担い、13世紀に設立された大学を有するなど、交通、経済、学術の拠点としても知られる。まちに巡らされたポルティコが街並みに活気を与えている。

03 農村や運河で各々に
ロッジアの発展した北イタリア

ヴェネト

VENICE・VICENZA・PADOVA, Italy

水の都：ヴェネツィア

人口25万人を有するヴェネツィアは、大陸からの川の流れによる土砂、アドリア海の波、風の力からつくられたヴェネツィア・ラグーン（潟）という特徴的な地形からなる。まちの中央を流れるカナル・グランデをはじめとする運河が巡り、まちなかは船と歩行で移動する。13～14世紀頃に周辺へ領土を広げ、最大の海洋共和国として最盛期を迎えた。その頃に建設された大運河沿いの壮麗な商館には、装飾の施されたロッジアや美しい広間が垣間見える。

ヴェネツィアのカナル・グランデに面して並ぶ色とりどりの商館

訪れた人を最初に迎え入れる北西面のファサード

ラ・ロトンダ
La Rotonda

16世紀のルネサンス期、ヴィチェンツァ郊外に建てられたアンドレア・パッラーディオ設計のヴィラ。このヴィラは円形の中央広間を中心とした完全な対称形を成しており、主玄関を含む4面ファサードの全てにロッジアが繰り返されている。6本のイオニア式円柱とペディメントで構成されるロッジアは、ファサードを美しく整えると同時に、来客を歓待する空間である。建物は1層分程度の基壇によって持ち上げられ、大きな階段でアプローチすると四方には異なる風景が広がる。ある方向では視界が限定され、より遠方まで見える場所では良質の果物と葡萄の樹に満たされ、また他方では地平線まで見渡せるという、極めて美しい眺望を多方面に楽しめる。

　領主は、日々移り変わる風景をここから眺めたのだろう。

上　4面のファサードをロッジアが整える
下　4面それぞれに異なる風景
右　アーチの開口から見えるヴィチェンツァの田園風景

VENICE・VICENZA・PADOVA, Italy　　083

5.000

084　　03｜ヴェネト

VENICE · VICENZA · PADOVA, Italy

バシリカ・パッラディアーナ
Basilica Palladiana

ヴィチェンツァに建つ15世紀に建造されたヴェネツィア・ゴシック様式のバシリカが、16世紀にパッラーディオによって改修され、ロッジアが付加された。1階は複数の商店が入るアーケード、2階はバシリカのホールのホワイエ空間となっている。2層に渡るロッジアは、半円アーチとその両脇に長方形の開口部をもつ型の反復で構成されるパラディアン・モチーフで、更にそこに穿たれた丸孔がファサードに緊張感を生んでいる。バシリカにロッジアを付加することで、立面のプロポーションやスケールを調整し、広場の祝祭的な性格を演出している。

　商店の入る1階のロッジアはウィンドウショッピングや客席などに使用され、2階のロッジアは展覧会などの催事を行う前室として機能する。

　何度訪れても、この真っ白い大理石と美しいプロポーションに、気圧される。

左　エルベ広場側の
　　ファサード
右　内部からまちを見る
下　大理石階段と
　　レンガ天井で彩られた
　　ロッジア

シニョーリ広場側のロッジアとビサーラ塔、向かいのパラッツォ・デル・カピタニアート（画面左）もパッラーディオ設計

VENICE · VICENZA · PADOVA, Italy

パラッツォ・デッラ・ラジョーネ
Palazzo della Ragione

左上　2階のロッジアから見た
　　　まちの景色
左下　後年に付加されたロッジア
右　　美しい装飾で覆われた
　　　2階のヴォールト天井

ヴェネト州パドヴァのエルベ広場とフルッタ広場を分節するように位置し、12〜14世紀に掛けて建造されたバシリカ（会堂建築）。当初、上階には裁判所や行政機関、下階に屋根付き市場が設けられ、広場と合わせて行政・司法・商業の中心的な役割を果たした。14世紀初めに船底を模した木造の大きな天井をもつホールが設けられ、さらに屋外階段を含むロッジアが付加された。18世紀に裁判所が移管されてホールは大規模な民衆の集会や祭典などのために開放されるようになった。

異なるアーチのプロポーションと装飾が立体的に重なるこのファサードは、この広場に身を置いた瞬間に、華やかで祝祭的な活動を想起させ、歴史や文化とつながる感覚を得られる。

このロッジアを前に、朝は賑やかな市場で買い物し、夜には広場を囲むバーでアペロールを飲めば、すっかりこのまちに酔ってしまう。

エルベ広場に面する2層のロッジア。異なる幅のアーチが広場に華やかさを与える

VENICE・VICENZA・PADOVA, Italy

091

092　03 | ヴェネト

VENICE · VICENZA · PADOVA, Italy

カ・ドーロ
Ca' d'Oro

ヴェネツィアのカナル・グランデに面して15世紀に建てられた邸宅カ・ドーロの、運河沿いのファサードをなすロッジア。かつては金箔と多彩色の装飾が施されていたことから、カ・ドーロ（黄金の館）と呼ばれている。彫刻家であり建築家であったジョヴァンニ・ボンと彼の子バルトロメオ・ボンの2人の仕事であり、彼らの得意とするヴェネツィア風の花模様のゴシック様式で構成されている。地上階は運河とエントランス・ホールをつなぐロッジア、上階はピアノ・ノービレと呼ばれる広間を拡張して運河の眺望を得るロッジアとなり、運河のファサードをなす列柱の柱頭は繊細な四弁花を模したアーチにより結ばれている。

　現在では、ギャラリーとして一般に公開されており、美しい影の落ちるロッジアで運河を眺めていると、ついつい時間を忘れてしまう。

左　運河に接続する
　　地上階のロッジア
右　階により
　　ディテールの異なる
　　柱の装飾
下　2階のロッジアは
　　奥行きが深く、
　　美術品が展示されている

カナル・グランデに面する3層のロッジアからなるファサード

VENICE・VICENZA・PADOVA, Italy

VENICE · VICENZA · PADOVA, Italy

文化・学術がいち早く発展したボローニャ
イタリア北部のエミリア・ロマーニャ州の州都であり、約40万人を有する都市。

　紀元前にはすでに、古代ローマ人が直線的な街路設計や主要建物を含めた都市建設を行っていたとされる。11世紀には、西欧諸国の最古の大学であるボローニャ大学が設立され、学生のまちとしても知られる。さらに14〜15世紀には女性も勉学の権利や機会をもつなど、他都市と比較して文化や学術が最も繁栄した自由都市の1つである。ボローニャは現代

においても、観光資源の豊富さ、工業都市としての伝統、南北を繋ぐ交通の要所としての役割を果たし、イタリア有数の繁栄都市といえる。

まちの骨格をなすポルティコ
ボローニャ市街の歴史地区には、雨や日差しを避けてまちを歩くことのできる屋根付き歩廊"ポルティコ"が、建物に付属して設けられている。歴史的地区では全長約38km、中世の城壁外のものを含めると60kmを超す長さを有する。最初期の記録は11世紀

04 ポルティコによって
まち全体がつながった文化都市

ボローニャ

BOLOGNA, Italy

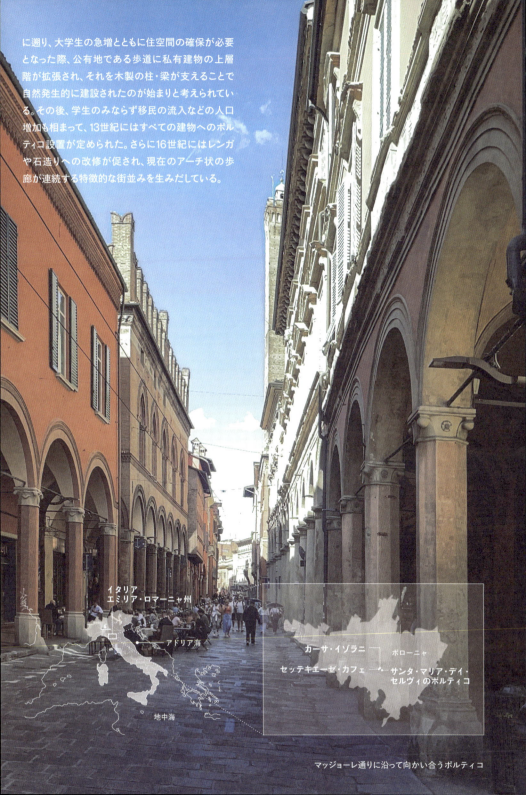

に遡り、大学生の急増とともに住空間の確保が必要となった際、公有地である歩道に私有建物の上層階が拡張され、それを木製の柱・梁が支えることで自然発生的に建設されたのが始まりと考えられている。その後、学生のみならず移民の流入などの人口増加も相まって、13世紀にはすべての建物へのポルティコ設置が定められた。さらに16世紀にはレンガや石造りへの改修が促され、現在のアーチ状の歩廊が連続する特徴的な街並みを生みだしている。

イタリア
エミリア・ロマーニャ州

アドリア海

地中海

カーサ・イゾラニ
セッテキエーゼ・カフェ

ボローニャ
サンタ・マリア・デイ・セルヴィのポルティコ

マッジョーレ通りに沿って向かい合うポルティコ

セッテキエーゼ・カフェ
Settechiese café

ボローニャにある三角形のサント・ステファノ広場は、短い1辺には教会、残り2辺の全ての間口には異なるアーチのスパンや高さでポルティコが設けられている。連続した街並を形成するとともに三角形の広場にはポルティコに面する店からテーブルセットが溢れ出し、くつろぐ人々と広場で集う人々のあいだに多様な距離感を生んでいる。また、ポルティコは十分な奥行きが確保されているため、歩廊空間であると同時に人々が憩う空間となっている。

このポルティコの中でも、写真の左から2つ目の建物では、カフェのテーブルセットに加えてアーチの立上りにクッションが置かれているため、背を預けて寛ぐことができ、自分がイタリア人になったかのような感覚が味わえた。食後にクッションの上で横たわると瞬時に眠気が!

サント・ステファノ広場から見るポルティコ

左　ポルティコに設えられたセッテキエーゼ・
　　カフェのテーブルで食事する人々
上　アーチの腰壁を跨いで広がる客席
下　クッションの置かれたアーチの腰壁

BOLOGNA, Italy

5,520

102　　04｜ボローニャ

BOLOGNA, Italy

マッジョーレ通りに面する木造架構

カーサ・イゾラニ
Casa Isorani

　ボローニャの中心地にあり、マッジョーレ通りとサント・ステファノ広場を結ぶイゾラニ家の所有地は建物が繋がり、内部で道が通っている。この建物のマッジョーレ通りに面するイゾラニ家の住宅ファサードをなすのがこの木造ポルティコである。15世紀に建造され、ゴシック様式とルネサンス様式の移行期を示す建築様式で建てられた。3階建ての建物が10mを超えるオークの柱で支えられており、ボローニャで最も高さのある木造のポルティコである。

　石造りや鉄筋コンクリートのポルティコの連続する街並みに突然現れるこの木造架構は、そのプロポーションや質感が異様さを放っており、ボローニャのまちの歴史を体感するために必ず訪れたいポルティコである。

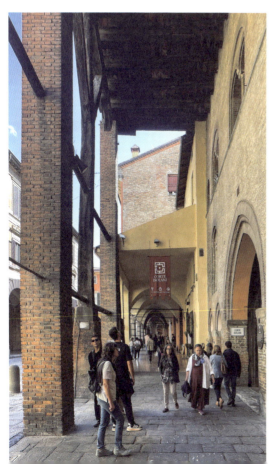

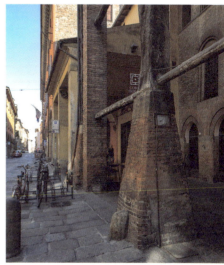

左　周辺のポルティコの倍以上の高さをもつ
上　既存の木造の架構に鉄骨補強が設置されている
下　人の背丈よりも大きな木造柱のレンガ柱脚

105

BOLOGNA, Italy

サンタ・マリア・デイ・セルヴィの ポルティコ
Portico di Santa Maria dei Servi

14世紀に建立されたローマ・カトリックのバシリカ、サンタ・マリア・デイ・セルヴィ教会の大聖堂前広場を構成するポルティコ。このバシリカ前の広場は非常に小さかったため、北西の2面は道路に面しながら広場全体を囲むようにポルティコが途切れることなく設けられている。教会正面のファサードでは、5つのアーチからなる拝廊を形成している。ポルティコには帯状の装飾、コーニスがあり、円形モールディングはファサードの円形窓と呼応している。ポルティコで定義される街区の角地はとても美しく、広場がこうして囲われることで、華やかな催事が生まれること、文化的な活動を支えてきたことを想起させる。また、教会の大聖堂に付属しながらも、比較的細かなピッチ、細い柱で構成されるヴォールトの反復は、市民にとって身近な屋外空間の雰囲気を醸し出している。
　美しく透明感あるポルティコ街区の構成は、いつか必ず真似したい！

グエラッツィ通りとマッジョーレ通りの交差点の角地を構成するポルティコ

左上　中庭を介して教会を望む
左下　ゴシック様式の教会内部
右　　バシリカ・サンタ・マリア・デイ・セルヴィの広場を囲むポルティコ

BOLOGNA, Italy

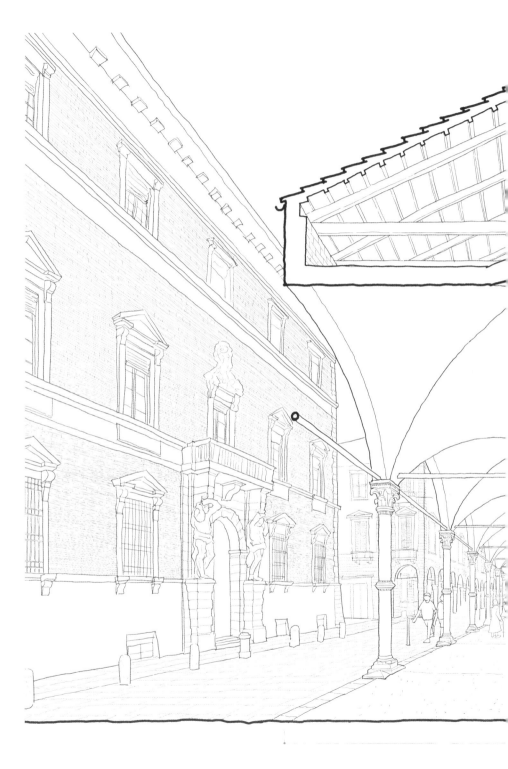

BOLOGNA, Italy

05 旅人をロッジアで迎え入れてきた城壁都市

イストラ
ISTRIA, Croatia

緑豊かな多くの城壁都市
クロアチアは、アドリア海を挟んだヴェネツィア共和国によって9世紀半ばから17世紀にかけて支配され、その繁栄を支える役割を果たした。特に、アドリア海でもっとも大きな面積をもつ三角形のイストラ半島は、南、中央、東ヨーロッパの交通の要所に位置し、多様な文化や人種のなかで地域形成がなされた。当時、イストラにはアドリア海を統治するためヴェネツィア共和国の行政局が設置され、外敵を防ぐための城壁都市が多く形成された。なかでも、半島の北東部から南西部へと伸びる丘陵地帯には、ロッジアが最も多く見られ、その全てが16世紀のヴェネツィア共和国時代に建設された。植生に適した土壌と水資源により穀物、果物が豊富に収穫される。地形の特徴による明確な領域が城壁によって強化され、集落ごとの独立性が高い。

教会や市民活動に欠かせないロッジア
ロッジアは、各々のまちの入口付近や広場に面し、市民の集いの場を形成すると同時に、政治や生活の要所として活用されてきた。例えば、教会のロッジアでは結婚式や集会が行われ、まちのロッジアでは、まちの要人による議論や集会はもちろん、裁判なども行われた。市壁の一部がベンチとなったり、列柱と屋根によって空間化されたロッジアが居場所を形成している。今日でも市民に開放されたロッジアは、アートギャラリーやワークショップなど市民活動の会場としても使用されている。

丘陵地の頂部に築かれた城塞都市の面影が残るモトヴン

タウン・ロッジアの眼下に広がる田園風景

上 柱で構成された大きな開口
　いっぱいに広がる緑の丘陵
左 城壁の門を望む位置に
　あるロッジア
右 全方向に開放されている
　柱の構成

モトヴンのタウン・ロッジア
Gradska loža Motovun

　モトヴンの城門と崖下の緑の大海原を結ぶように位置し、17世紀半ばに建てられて以来、まちの人々の活動のために開かれているタウン・ロッジア（Gradska loža）。崖に張り出すようにつくられ、遠くの景色を見渡すことができる。平面は道の形と呼応するような不定形で、四周が柱によって開放されている。ロッジアには造り付けのベンチがあり、住人や観光客の憩いの場となっている。

　かつては裁判や重要な契約締結に使用された公的な場であったが、今ではカップルたちが散歩で立ち寄ったり、日没の美しい景色を楽しんだりと、長く市民に愛されてきたことがわかる。崖に面した部分は角にL字の壁柱を用い、その内側が黄色い塗装、開口部の枠には石が張られ、景色をフレーミングしている。

　このロッジアに立つと、イストラの広大な自然とともに、丘陵地に城塞都市を成してきたまちの歴史を感じ、小さいながら、壮大な時空へのつながりを思わせる。

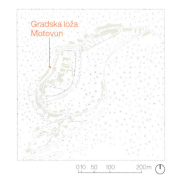

ISTRIA, Croatia

116　　05 | イストフ

ISTRIA, Croatia

スヴェティ・ロヴレチの
教会ロッジア
Crkva loža Sveti lovrec

イストラ半島西部に位置する小都市スヴェティ・ロヴレチ。14〜15世紀に建てられた城門をくぐるとその正面に、聖マルティン教会の側廊側に取り付くロッジアが現れる。城門からの人の流れを受けとめ、西側を正面入口とする教会の前室のような役割を担う。市民の集会など公的に使用された場でありながら、広場に設置されている死者の追悼のための石碑は、この場所が前向きな性質の集会にのみ使用されたのではないことを示している。

このロッジアは、城門の前後に続く幅広の道を受け止める横長のプロポーションで、腰壁は来訪者を歓迎するように低くつくられている。ロッジアと教会内部の間は壁で閉ざされているため、むしろ広場との関係が非常に強い。南向き3.7mの高い軒と低い腰壁によって、奥行きの浅いロッジアは非常に明るい。三方を造り付けのベンチが囲み、人々の居場所をつくっている。

地域の人が立ち寄って少し座り、拠り所となっていることが伝わってくる。

上　城壁外から軸線上に見えるロッジア
左　レリーフや彫刻の飾られるロッジア
右　休憩場としてのロッジアからは、
　　城壁入口をくぐる訪問者が見える

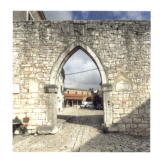

広場から見るロッジアと鐘楼

ISTRIA, Croatia

城門の入口をくぐるとすぐ横に現れるロッジアの外観

グロズニャンのタウン・ロッジア
Gradska loža Groznjan

山の上にある小都市グロズニャンの城門入口に位置する、16世紀末に建てられたルネサンス様式のタウン・ロッジア。かつてはこの場自体が裁判所の空間となったり、隣接する裁判所の前室として使用され、ロッジアの上階は穀物倉庫として使用されていた。ロッジアの内壁には、グロズニャンの裁判官が使用していた4冊の法令集をモチーフにした石碑が掲げられている。

現在はワークショップや季節の行事などに使われ、まちの人々が共有するパブリックスペースとなっている。広場は緩やかに傾斜してロッジアより高くなるため、傾斜を利用した造り付けのベンチが設けられ、歩行者がなかをのぞきこむ様子も見られる。

城門を潜ってすぐ、安心して腰を下ろせる空間に出迎えられると、集落の懐の深さを感じ、ほっとした。

左　レクチャーに
　　立ち寄る地元住民
右　内部よりアーチ越し
　　に広場を見る
下　かつて採石場として
　　知られたこともあり
　　石灰岩が多用されている

ISTRIA, Croatia

123

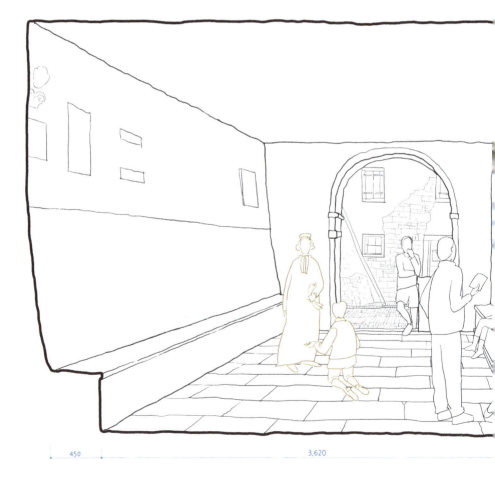

ISTRIA, Croatia

道に面する西側の教会ファサードは、柱と寄棟屋根のロッジアで整えられている

ソヴィニャックの教会ロッジア
Crkva loža Sovinjak

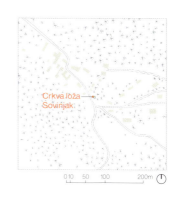

15世紀に建てられた、クロアチア内陸の小都市ソヴィニャックのまちの入口にある聖ロック教会に付属するロッジア。イストラ半島では、まちの中心にある教会とは別に、しばしば城壁外にロッジアのついた教会がみられる。このロッジアも城壁の外にあり、かつては外部の訪問者を迎える場として使われていたが、現在は教会のギャラリーとして住民の作品が展示されることもある。教会内部との接続はドアと小さな窓があるのみだが、外部に対しては腰壁は65cmと低く三方に入口があるため入りやすく、教会内部とつながる役割よりも、道との関係が強い。

一説には、かつてこうした城門付近の教会に付属するロッジアに旅人が立ち寄ると、1泊の寝床と食事が用意されたとも言われている。そうした訪問客の安心できる休憩所として用いられていたのだろう。

教会堂とロッジアの長手立面を占める比率は1：1で、非常に格好良い。短手の入口がロッジアの軒高や柱で整えられている様子も秀逸。

左上　まちに入ると真っ先に見える教会ロッジア
左下　教会堂：ロッジアの立面比率は1：1
右　　教会堂に付属するように木造架構で設けられたロッジア

ISTRIA, Croatia

ISTRIA, Croatia

06 祈り、水汲み、暇を支える
パティがひしめくまち

バクタプル・パタン
BHAKTAPUR・PATAN, Nepal

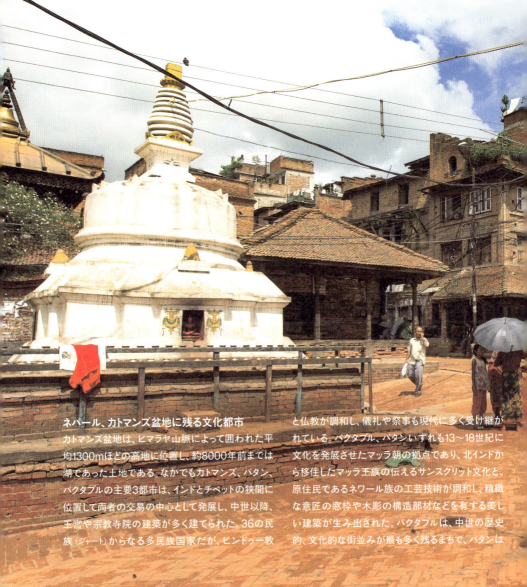

ネパール、カトマンズ盆地に残る文化都市
カトマンズ盆地は、ヒマラヤ山脈によって囲われた平均1300mほどの高地に位置し、約8000年前までは湖であった土地である。なかでもカトマンズ、パタン、バクタプルの主要3都市は、インドとチベットの狭間に位置して両者の交易の中心として発展し、中世以降、王宮や宗教寺院の建築が多く建てられた。36の民族(ジャート)からなる多民族国家だが、ヒンドゥー教と仏教が調和し、儀礼や祭事も現代に多く受け継がれている。バクタプル、パタンいずれも13〜18世紀に文化を発展させたマッラ朝の拠点であり、北インドから移住したマッラ王族の伝えるサンスクリット文化と、原住民であるネワール族の工芸技術が調和し、精緻な意匠の窓枠や木彫の構造部材などを有する美しい建築が生み出された。バクタプルは、中世の歴史的、文化的な街並みが最も多く残るまちで、パタンは

カトマンズ盆地で最も古い都市であると共にマッラ朝時代の首都だったまちである。

共同の休憩所 ダルマサーラ

ネパールにおける多くのまちや村には、共通して公共の休憩所ダルマサーラがみられる。寺院や神聖な沐浴所の近くにある巡礼者の休憩所や僧侶が説法を行う開かれた宗教の拠点としての役割から、共同の水場に付随する休憩所、地域の人々の集会所や手仕事の場、さらには、ただお喋りをしたり遊びに興じる場まで、人々の幅広い活動を支えている。このダルマサーラは規模や形態によってパティ、サッタル、マンダパなど複数の種類があり、言語によっても呼ばれ方が異なる。多民族や多宗教の人々を分け隔てなく受け入れる文化は、こうした空間にも現れている。

バクタプルのスルヤマディ広場に面して並ぶ3つのパティ（休憩所）と仏教寺院

ミシン屋のパティ
Sewing shop's pati

カトマンズから東へ10kmほど進んだ場所にあるまちバクタプル。その旧市街地の広場は、一般的な開けた広い場所のみならず、ヒティという階段井戸状の共同水場を中心として形成される。そこに仏教寺院、ヒンドゥー教寺院、パティと呼ばれる休憩処が一堂に集められていることが多い。この半屋外空間"パティ"は、レンガ組積による床の上に、通り側を木造の柱梁で吹きさらし、ヒティ側を落下防止も兼ねたレンガ組積の壁としながら、その上に木造屋根が架かっている。人々は水汲みの帰りや祈りの帰りにこのパティに立ち寄って思い思いに過ごしている。

なかでも、ミシン屋のおじさんは毎日のようにミシンと共に座っており、仲間と談笑したり、ごく稀に働いている。彼の姿を見ると、なぜか安心するのはわたしだけではないだろう。

階段井戸ヒティを背にして建つ南に向いたパティ

左　毎日ここで仕事をするミシン屋さんをはじめ、思い思いに過ごす人々
右　パティの背後に広がる階段井戸。ヒンドゥー教寺院（左）、仏教寺院（右）の広場が隣接する

06 | バクタプル・パタン

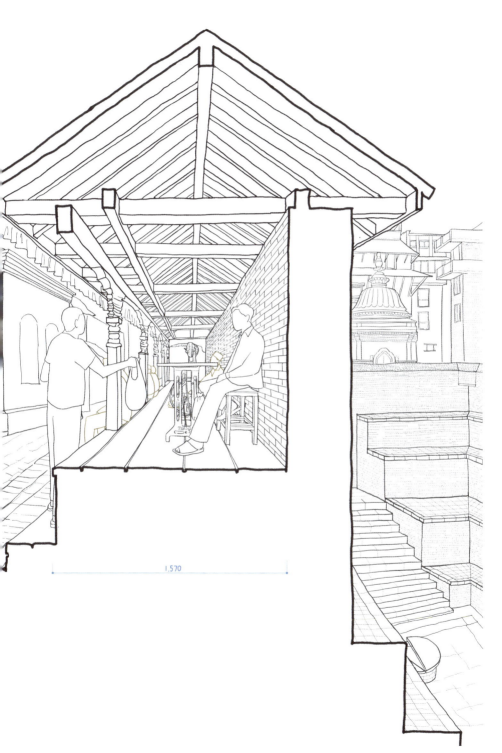

BHAKTAPUR·PATAN, Nepal

コーナー・パティ
Corner pati

同じくバクタプルの旧市街地にあるパティ。高い密度で建て込む街区のなかの角地に建つ、正面の柱間2間、奥行方向に1間からなる、1坪にも満たない極小のパティ。背後のレンガ組積造の建物にもたれるように、木梁からなる屋根が架かり、それを彫刻がなされた木柱が支えている。レンガ組積の基壇は600mmほど地面から上がっており、毎日必ずここに女性が5〜6人集まり、サンダルや靴を脱いで蝋燭づくりや編み物といった手仕事をしている。ネパールでは、既婚女性は一般的に赤いサリーを身につける習わしがあり、赤いサリーの女性が集まることで、まちの角地が赤く彩られて見える。

小さなスペースにも関わらず、彼女たちは訪問客であるわたしたちを招き入れ、お話を聞かせてくれた。スケール、彩り、手仕事と女性たちの笑顔などが相まった親密なパティ。

左 建物の外壁を背面として利用し、
　 屋根と床が付属するパティ
上 床は板張りで、皆靴を脱いで座る
下 蝋燭づくり、編み物など、
　 日変わりの手仕事に勤しむ女性たち

路地奥の角地に建つ間口2間、奥行1間の極小パティ。毎日集まって肩を寄せ合い手仕事をする女性たち

BHAKTAPUR·PATAN, Nepal

スルヤマディ広場のパティ
Pati in Suryamadhi Square

バクタプルの旧市街地、スルヤマディ広場を囲む角地に集まる3つのパティ。ここにはヒンドゥー教と仏教の双方の寺院があり、大きく開けた広場で、小麦の脱穀作業などを行っている。切妻のパティは建物から独立して建ち、基壇とL型の2面の壁はレンガ組積で、木屋根の小屋裏にはパティをメンテナンスするための丸太や角材といった資材が置かれている。パティの中には入れ子状に施錠できる倉庫があり、地区の備品などが納められていると同時に、この入れ子の鉄格子には新聞が掛けられている。

毎日新聞を読みに立ち寄る人、脱穀の手仕事をする人、ゲームをする人、駆け廻る子ども、ただ広場をぼーっと眺める高齢者など、多様な人の集う場となっている。いつ通っても、多世代がごちゃまぜに過ごしている風景がある。

スルヤマディ広場に面して広場の角を固める3つのパティ

左 倉庫付きパティの鉄格子には日々
　新聞が掛かる。小屋裏は資材の
　ストック
上 レンガ積みの基壇と長年の使用で
　角の丸くなった板張りの床
下 隣接して建つ3つのパティ

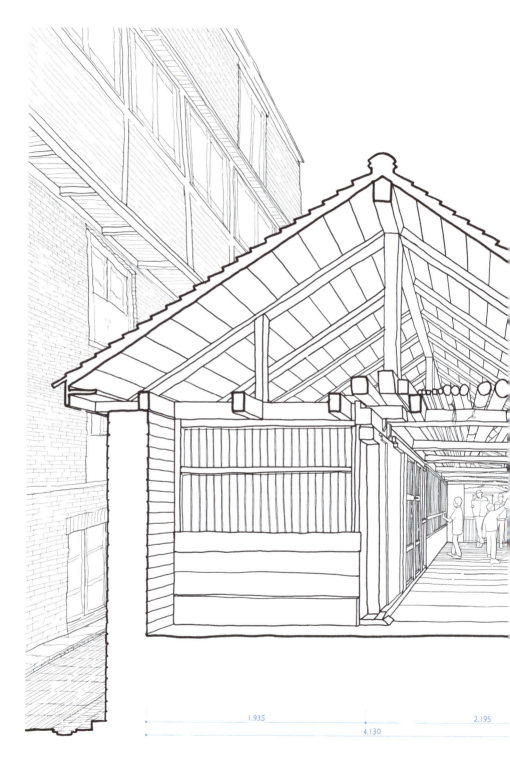

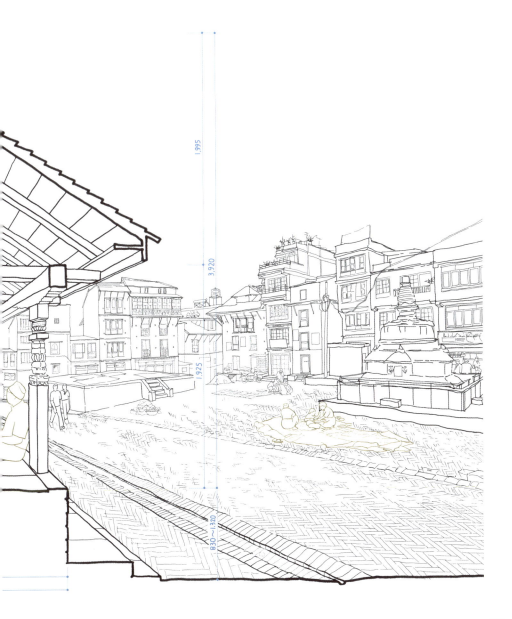

BHAKTAPUR・PATAN, Nepal

パタンのマニ・マンダパ
Manimandapa in Patan

マンダパはダルマサーラ（休憩所）のなかでも、比較的規模が大きく、まちの住民の集会所や祭事の会場といった公共的な役割を果たし、正方形平面が多い。これはネパール、パタンの旧市街地、ダルバール広場にある2つのマンダパから成るマニ・マンダパである。大きな階段井戸ヒティへ向かうゲートとして階段の両側に位置している。幅、奥行ともに3間の柱間からなり、内部にもこのグリッドで柱が落ち、四方に開かれている。壮大な水場に併設されていることで、舞台のような華やかさと、ゲートの役割を担う重要度が感じられる空間である。2015年の地震で完全倒壊したものの、研究者や木工職人、彫刻家、住民などの手により2018年に再建された。

訪れた日は特別な催事などはなく平穏な雰囲気で、人々は柱にもたれながらヒティを眺めたり、まちゆく人を眺めるなど、それぞれにのんびり過ごしていた。

左 様々な人のくつろぐマニ・マンダパ
上 2つのマンダパ間の階段が
　 階段井戸の底部まで続く
下 ヒティで水を汲む人々

パタン、ダルバール広場の一角にあるマニ・マンダパ

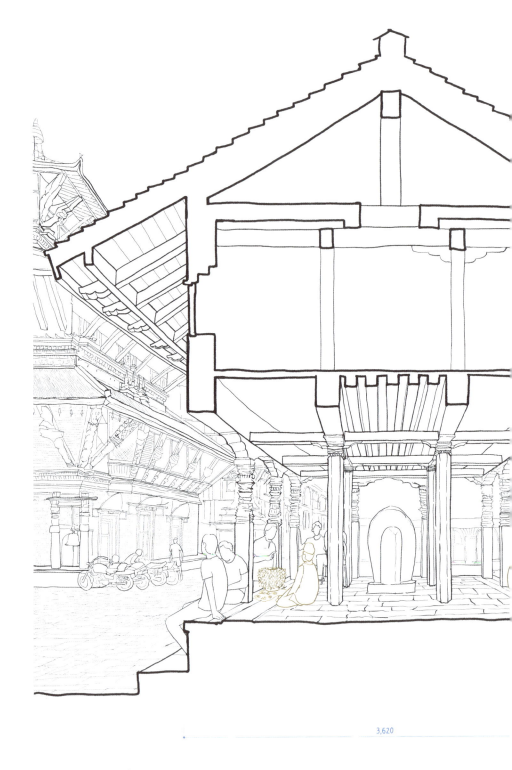

3,620

BHAKTAPUR・PATAN, Nepal

バリの成立と稲作文化

東南アジア、インドネシア共和国のバリ州に属する島。バリ・ヒンドゥーの信仰の山とされるアグン山やバトゥール山など多くの火山を有し、温泉の湧出や肥沃な土壌といった自然資源が豊富な島である。紀元前2000年頃から居住の歴史があり、11世紀頃からジャワ王朝の影響、14世紀からマジャパヒト王国の支配、19世紀末からオランダの征服と植民地化が進み、第2次世界大戦中の日本統治などを経て、1950年のバリ独立とともにインドネシア共和国（1945年独立）に組み込まれた。バリの村落は、一部の都市地域を除いてその大半が農村であり、土地の農業利用率が非常に高い。火山脈からの水の流れをスバックと呼ぶ伝統的な水利組織によって管理し2期、3期と行われる稲作や、コーヒーなどを含む畑作、牧畜も行われている。

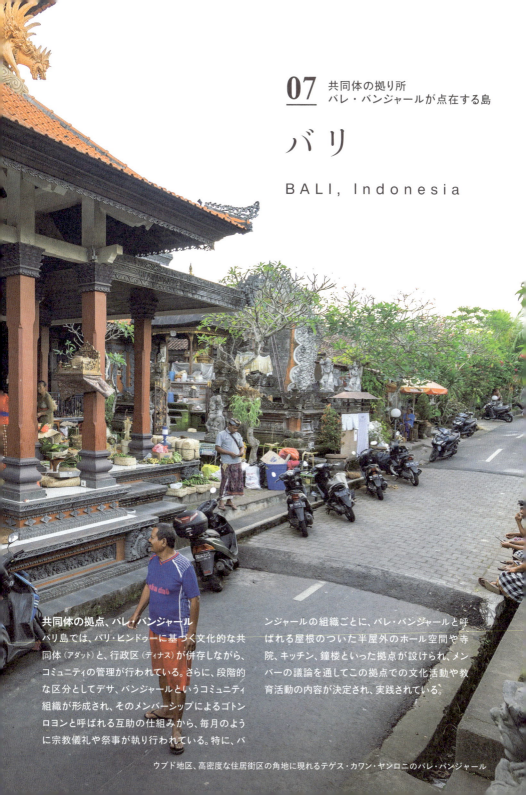

07 共同体の拠り所
バレ・バンジャールが点在する島

バリ

BALI, Indonesia

共同体の拠点、バレ・バンジャール

バリ島では、バリ・ヒンドゥーに基づく文化的な共同体（アダット）と、行政区（ディナス）が併存しながら、コミュニティの管理が行われている。さらに、段階的な区分としてデサ、バンジャールというコミュニティ組織が形成され、そのメンバーシップによるゴトンロヨンと呼ばれる互助の仕組みから、毎月のように宗教儀礼や祭事が執り行われている。特に、バンジャールの組織ごとに、バレ・バンジャールと呼ばれる屋根のついた半屋外のホール空間や寺院、キッチン、鐘楼といった拠点が設けられ、メンバーの議論を通してこの拠点での文化活動や教育活動の内容が決定され、実践されている。

ウブド地区、高密度な住居街区の角地に現れるテゲス・カワン・ヤンロニのバレ・バンジャール

ロータス・カフェ
Lotus Cafe

バリ島のウブド地区のメインストリート、ラヤ・ウブド通りにある、ウブドで三番目に誕生した老舗ロータス・カフェのバレ・レセハン（Bale Lesehan）。母屋を拡張するこの長細い切妻屋根の空間は、ヒンドゥー教のサラスワティ寺院と、参道を軸に線対称に広がる蓮池に沿い、古いプルメリアの木に寄り添うように建っている。池沿いに建つ床は水面より数段上った高床となっており、この床に直接座って食事をする様式をレセハンという。落下防止の手すり、軒桁に設置された調整可能なすだれが設けられ、アラン・アラン（イネ科チガヤ属の植物）で仕上げられた天井・軒裏と、柱によって切り取られたフレーム越しに、寺院と池を見ながら食事を楽しむことができる。

　通りに出ると観光客が溢れ賑やかだが、ここに座ると静かで穏やかな情景が広がっており、何度来ても、ついつい時間を忘れてのんびりしてしまう。

隣接するサラスワティ寺院の蓮池上の参道からみた細長いロータス・カフェのバレ・レセハン

左 ロータス・カフェのバレ・レセハン越しに
　 みる古木、蓮池、サラスワティ寺院
上 アラン・アランが編まれた天井
下 サラスワティ寺院からみたカフェ全体

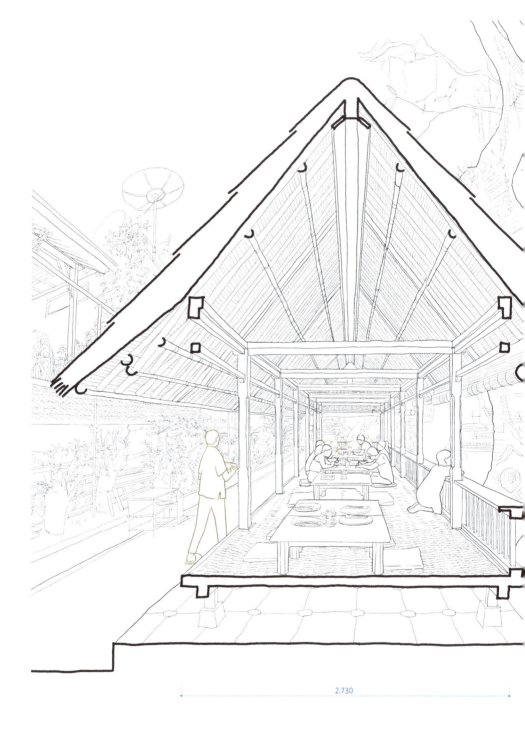

BALI, Indonesia

テゲス・カワン・ヤンロニの
バレ・バンジャール
Bale Banjar Teges Kawan Yangloni

バリ島、ウブド地区のテゲス・カワン・ヤンロニにある集いの場"バレ・バンジャール"。バンジャールはバリ・ヒンドゥーを基盤とする地域組織の名称で、バレは「ホール」を示す。この空間は、メンバーのための冠婚葬祭や集会、歌やダンスの練習、さらには日常の遊び場にまで、様々に使われている。比較的新しいこのバレ・バンジャールは、鉄筋コンクリートの柱梁に木造寄棟の屋根が2段重なり、その間はハイサイドライトと換気のための開口となっている。

この日は、3年に一度という祭のためのバンジャールメンバーによる準備期間中で、寺院の飾り付け、祭壇の設置、祝宴の料理準備、供物の準備などを行っていた。準備の様子を見るだけでも、その祭の華やかさと参加者の多さが想像でき、皆が和かに協働作業を愉しんでいた。

インドネシアの研究をしたい！と感じてわたしが始動したきっかけとなった光景である。

左 祭りの準備が床に広がり賑わう
　 バレ・バンジャール
上 3年に一度の祭へ向けた準備
下 2段屋根の隙間から抜ける風と回り込む光

ラヤ・テゲス通りとヌリ小道の角地に位置し、万人に開かれたバレ・バンジャール

BALI, Indonesia

トゥルニャンのバレ・バンジャール
Bale Banjar Trunyan

バリ島北東部に位置するバトゥール湖沿いの村、トゥルニャンにあるバレ・バンジャール。村では、このバンジャールを境に、湖側に低層の住居群、山側にはヒンドゥー教寺院であるブサキ寺院の敷地が広がる。バンジャールの床は地盤面より高く、短手の一方が壁で塞がれ、さらに床の上がったステージと祭壇が設けられている。大きな影をつくりながらも2重屋根の隙間から反射光が回って明るく、三方が解放された大きな気積に風がよく通って心地がいい。

この日はバンジャールの日陰のなかで子どもたちがサッカーをしており、床の大理石仕上げに素足で遊ぶ姿が非常に心地よさそうで、わたしも靴を脱いで冷んやりした床を感じたくなった。

左 山手の寺院よりみたバレ・バンジャール
右 大理石の床の上、裸足でサッカーをする
　村の子どもたち

村の目抜き通りであるラヤトゥルニャン通りに面し、南に向いて建つバレ・バンジャール

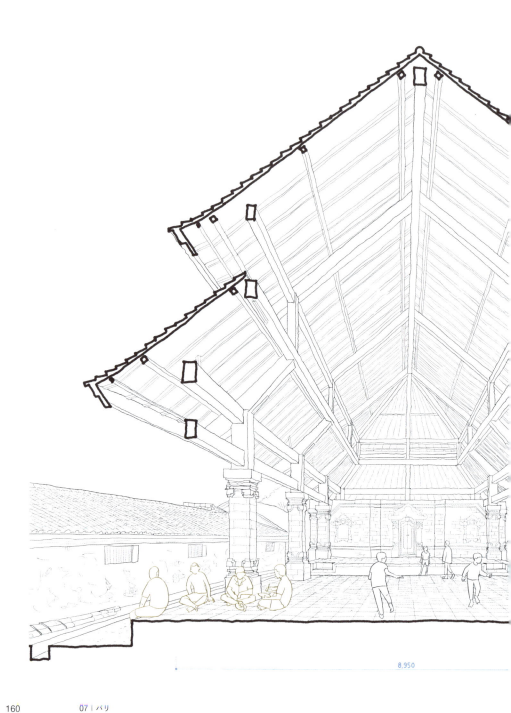

バンジャール・パンクンの ポスカムリン

Poskamling Banjar Pangkung

バリ島のタバナン地区の、パンクンというバンジャールにあるポスカムリン。ポスカムリンは、地区ごとに設定された自警団の待機する東屋で、各地区の男衆がここに滞在して地域の安全を見守る。一般的には、4本柱に方形の屋根がかかるシンプルな東屋であることが多い。このポスカムリンは、まちの角地に設定されて平面形状が"くの字"を成し、角地に対して愛嬌のある建ち方をしている。

このまちは瓦工場が多く、このポスカムリンも隣で焼いている素焼き瓦を利用し、少しずつメンテナンスされていることがわかる。

この日も、3人の男性が座ってお喋りをしながらまちの様子を見守っており、うだるような暑さのなか、短パン一丁で日陰にじっとしている様子に忍耐力を感じた。

イエガンガ通りの屈曲に合わせて平面が曲がった愛嬌あるポスカムリン

左上　朱色に塗られた網代編みの天井
左下　通りが見渡せる角地に位置する
右　　ポスカムリンからまちの様子が確認できる

BALI, Indonesia

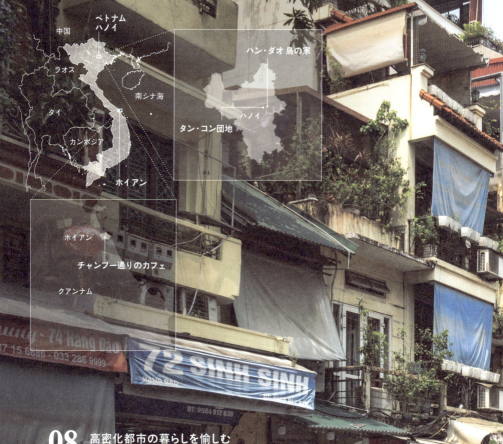

08 高密化都市の暮らしを愉しむテラスの反復するまち

ハノイ・ホイアン
HA NOI・HOI AN, Vietnam

高密化し増改築を繰り返すハノイ市街地
人口800万人を超えるベトナムの首都ハノイ。11世紀に首都タンロン（ハノイの旧称）が置かれて以来1000年ほどの歴史をもつ古都にふさわしく、寺社建築も多い。今もなお人口増加による都市部の拡大が続くとともに、中心部や旧市街地においては、チューブハウスと呼ばれる間口が狭く奥行きが深い町家型の都市住宅が建ち並び高密度な街区を構成している。地価の高騰や住宅不足といった課題も生まれている。そうしたなか、住民たちは自身の権利が及ぶ範囲、例えば最上階であれば上層、庭をもつ場合は庭側へと増改築を行い、多世代、多世帯の暮らしを拡張する様子が街並みにも見受けられる。

歴史的文化と共にあるまち、ホイアン

ベトナム中部、トゥボン川が南シナ海に流れ出る三角州に形成された沿岸都市ホイアン。チャンパ王国の時代には中国やインド、アラブを結ぶ中継貿易都市として栄え、15〜19世紀にはアジアとヨーロッパとの交易の中心として繁栄し、16世紀頃には日本人町などもつくられた。1999年の世界文化遺産登録を機に街並みの観光化が加速しているが、歴史地区内では建築規制が厳しく、のどかな街並みが保存されている。まちの中心地には今もなお、200〜300年ほど前に建てられた木造建築が現存し、色鮮やかな装飾、窓や柱や梁の彫刻など、かつての多彩な文化が融合した建築様式を確認できる。

ハノイ、ハン・ダオ通りの高密化した都市住宅

ハン・ダオ通りに面する建物（真ん中）。増築屋根に吊るされた5つのバードケージ

ハン・ダオ 鳥の家
Hang Dao Bird House

ハノイ、ホアンキエム区のハン・ダオ通りにあるアパートメントのヴェランダ。その昔、ハノイの36の通りには商業組合が設立され、それぞれの通りに売り物の名前が付けられた。ハン・ダオはシルク商売の通りである。

　現在、地上階にはシルクのみならず多様な業種が混じりながらも商店が並び、上階は集合住宅となっている。間口が小さく奥行方向に長い住居で、中庭をもちながら限られた通りの間口にヴェランダをもつ。この住宅のヴェランダでは、初老の男性がお気に入りの家具と共に多くの鳥かごを吊り下げ、通りを眺めながら鳥を愛で、過ごしている。

　通りの喧騒や排気ガスの雰囲気から逃れてこのヴェランダに出た瞬間、鳥に囲まれ、そのさえずりに癒された。

上　増築屋根から吊られるバードケージ
下　通りに面する家々のヴェランダ

HA NOI・HOI AN, Vietnam

170　　08 | ハノイ・ホイアン

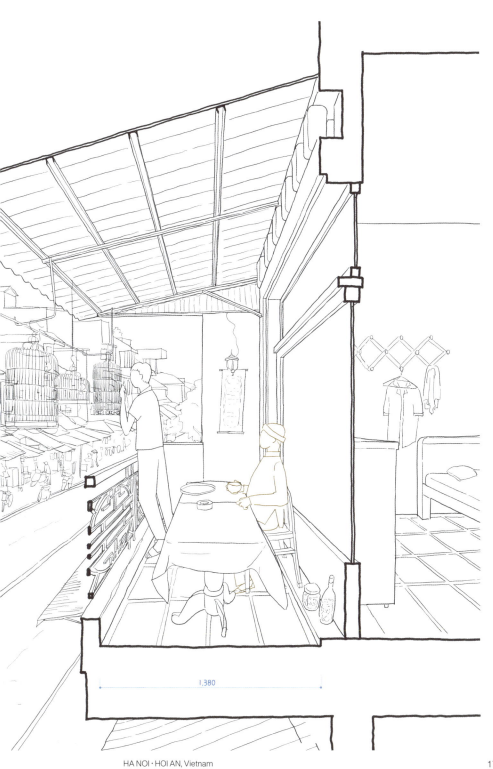

タン・コン団地
Thành Công Apartment

ハノイのバディン区にある団地に増築されたヴェランダ。限られた住宅用地のなかで人口が急増し、暑い気候にも関わらず通風の十分でない団地が多く建設された。このため、多くの増築や不法占拠が立体的にひしめくファサードがしばしば見受けられる。この団地でも、余白のある敷地北側に向かって多くのヴェランダが増築され、そこには湿度の高くなるキッチンや、水やりのできる植物のヴェランダなどが多く設けられている。

この団地では南側の大通り沿いのバルコニーよりも、北側の方が静かで緑が多く椅子を出して人々がゆっくりとくつろいでいる。廊下を歩きながら探検して見られる風景は、ハノイ人の暮らし図鑑のよう。

左　多種の植物で
　　埋め尽くされたヴェランダ
右　黒くすすけたキッチン
下　共用廊下に増築された
　　ヴェランダは住民たちの
　　生活空間の一部となる

隣家とうまく距離を保ちながら立体的に増築されるヴェランダ

174　08 | ハイイ・ホイアン

HA NOI · HOI AN, Vietnam

チャンフー通りのカフェ
Pho Cho Bazar cafe Tran Phu STREET

　歴史保護地区ホイアンの中心を東西に走るチャンフー通りにある、長屋の一角にあるカフェの軒下空間。年間10ヶ月以上が湿度60％以上という気候のなか、涼を得る仕組みが様々に取り入れられている。
　この軒下空間は、庇が十分出ているのはもちろんのこと、さらにそこから藤棚が延び、花と葉が茂って日差しを防いでいる。また藤棚を構成するフレームにはミストの導管が取り付けられ、店舗に入る前にミストで涼を得ることができる。
　この日も、湿度が90％を超えて汗びっしょりでまちを歩いていたが、このミストの冷涼な霧の流れを感じ、吸い込まれるようにここに入ってしまった。緑とブーゲンビリアのピンクも美しくて心躍り、一瞬、このまとわりつく湿った空気を忘れられる。

チャンフー通り、ブーゲンビリアの花が覆い被さるようなファサード

左 華奢なトラス架構による庇は
　半分が板金、半分がブーゲンビリア仕上げ
上 軒下を通るとミストに包まれる
下 道路境界に大きく張り出す植物

HA NOI · HOI AN, Vietnam

09 アジアの食と暮らしを支える ホーカーが生まれた国
シンガポール
SINGAPORE

多様に展開したショップハウスとファイブフットウェイ
シンガポールは、東南アジアの中心に位置する島で、国際金融拠点として栄える人口約600万人の都市国家である。19世紀初頭にイギリス東インド会社の交易所として成立したのち、1820年代に英国植民地となり、スタンフォード・ラッフルズによる都市計画に基づきまちが建設された。その後日本による占領やマレーシア連邦の形成などを経て、1965年にシンガポールとして独立した。植民地時代より中心市街地では職住混在のショップハウスが建設され、そこには制度によってアーケード状の歩廊が設けられていった。私有地を供出させて公共空間をつくるよう定められており、一定の管理下でありながら住人の商業活動を尊重する仕組みがあり、連続歩廊による遊歩の楽しいまちが生まれている。また、このショップハウスは中国、バロック、新古典、ロココ、ペラナカンなど、年代や地域で異なる特徴をもって展開された。

マレーシア
シンガポール
シンガポール海峡

サイドアルウィ・ロードのファイブ・フット・ウェイ
マックスウェル・ホーカーセンター
チェンヤン・コート・コーヒーショップ

暮らしを支えるホーカーセンター
シンガポールの文化を理解する上で、ホーカーセンターは外せない。19世紀初頭から通りや広場、駐車場を占拠し、食料品や料理を販売していたホーカー（露天商）は、不衛生や交通渋滞の原因となっていた。1965年の独立以後、政府によるホーカーの一元管理が始まり、"ホーカーセンター"は大きな覆いのもと日陰をつくり、衛生が保たれ、風通しがいい食事環境を提供している。近年、発展型として冷房を完備した"フードコート"が設置され始めた一方で、集合住宅の足元などで小規模に民間管理されている"コーヒーショップ"も重宝されるなど、幅広い選択肢のなかで昼夜問わず人々の食生活を支えている。2020年、これらホーカーによる食文化がユネスコの無形文化遺産として登録された。

ダクストン・ロードに並ぶショップハウスと背後の高層集合住宅。シンガポールらしい街並み

サイドアルウィ・ロードの
ファイブ・フット・ウェイ
Five Foot Way in Syed Alwi Road

リトルインディア地区のサイドアルウィ・ロードに9軒連なるロココ様式のショップハウス。2階のフラットアーチの窓の両隣にある巨大なオックスアイ窓の開口部が特徴的で、楕円形の窓の周囲には、淡い緑色の浮き彫り細工のモールディングが施されている。このショップハウスは、土地の所有者が道路側の地上階をアーケード状の連続歩廊として公共に供出し、街路空間の賑わいを生み出している。

連続歩廊の幅寸法は大人の足5歩分の幅でつくられることから、ファイヴ・フット・ウェイとも呼ばれている。1階の換気口には、マレー式トレーサリーの精巧な模様が描かれ、カラフルなセラミック・タイルが用いられるなど、復元、保存がなされている。

エリアや通りを渡り歩くと建物の様式や建設年代が移り変わり、シンガポールの歴史を感じることができる。

サイドアルウィ・ロードに並ぶロココ様式の装飾が美しいショップハウス

左　車道よりも数段下がった地面が
　　親密な雰囲気を生んでいる歩廊
上　欄間の透かし彫り
下　カラフルなタイルの装飾

マックスウェル・ホーカーセンター
MAXWELL Hawker Center

シンガポールのビジネス街ともいえるチャイナタウンの中心にある、マックスウェル・ホーカーセンター。ここは、約100店ほどが並ぶ大規模なホーカーで、会社勤めの人々、地元住民から観光客まで多くの人が訪れる食事処である。華奢な鉄骨トラスで構成される切妻屋根が3列並び、切妻の軒が集まる位置に背中合わせの屋台が柱スパンごとに並ぶ。この屋台と固定されたテーブルセットの列が反復されるシンプルな平面。切妻の頂部は換気棟となって空気が循環し、ハイサイドライトからの光が天井に回り込み、開放された軒下は簾を上下させて日射を調整している。

ここはいつ訪れても観光客と地元民で溢れ返っており、食事のテーブルを探すのに一苦労。相席でも席を見つけ、老舗のカオマンガイにありつけた時は、幸福感で満たされる。

3列の切妻屋根が特徴的なサウス・ブリッジ通りに面するホーカーセンターの構え

左　固定のテーブルセットは争奪戦で、相席もしばしば
右　屋外に面したテーブルは特に人気

SINGAPORE

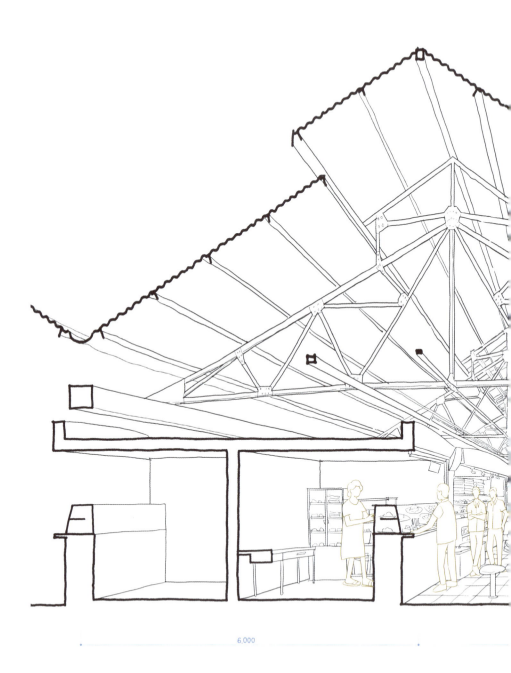

188 09｜シンガポール

チェンヤン・コート・コーヒーショップ
Chen Yan Court Coffee Shop

シンガポール最大の市場を含むショッピングエリア、ブギスの中心にあるコーヒーショップ（屋台村）。ここでは、24階建ての集合住宅の地上階がおよそ70メートル続くピロティとして開け放たれており、街区を通り抜けられる通路の一方に安価で美味しい飲食屋台が、もう一方には飲食用のテーブルセットが置かれ、歩廊全体がコーヒーショップとなっている。

訪れた日は、近所に住んでいると思われるラフな格好の初老の男性がテレビを見ながらご飯を食べてくつろいでおり、気づくとそこに知人らしき人が寄って来て談笑を始めた。おそらく、独居の老人もここで暇を潰していれば友達に会える、そんなまちの中のリビングのような場所になっているのだろう。

左　カラフルな案内板や家具と人々でいつも賑やかなダイニング
右　高層集合住宅の足元いっぱいに伸びる飲食屋台

エリア一体の駐車場に面して大きく開けた細長いコーヒーショップ

SINGAPORE

10 気晴らしを支える歩廊の続く水の都

上海・湖州・杭州
SHANGHAI・HUZHOU・HANGZHOU, China

上海市・浙江省の水郷

中国の江南地方（長江の下流域、南岸地域一帯）には水郷が多く、歴史的な街並で今なお地元の人が生活しつつ、観光客にも開放されている。浙江省湖州市にある南潯古鎮（ナンジュンコチン）は、蘇州からバスで1時間ほどの水郷で、13世紀に製紙業により多大な富を得たこともあり、運河に沿って美しい町家が建ち並ぶ。また、楓涇古鎮（フウケイコチン）は上海市の最西部、浙江省との境界に接して位置する要衝である。これら多くの水郷では、護岸の際まで庇が伸びて連続した歩廊をなし、水際にはベンチや洗い場が設けられるなど市民生活が溢れている。

杭州の美しき湖、西湖

西湖は上海から鉄道で1時間ほどのまち、浙江省杭州市に位置する。中国十大風景名勝の1つに数えられ、湖には「西湖十景」と呼ばれる視点場をもち、山、堤、島、水面が美しく構成されている。その湖の風景は紙幣のイラストにも採用されるほど、古くから多くの人に親しまれてきた。2011年に世界遺産に登録されてからは、一層観光客が多く訪れる地となっている。約15kmほどの湖の周囲には多くの東屋や、屋根のついた橋、湖と連続する開かれた建築など様々な居場所が点在し、多くの人が腰を下ろしてじっくり風景に没入できる。島や堤を見通せる湖も美しいが、深い霧のなか幾重にも浮かび上がる水辺の風景は圧巻である。

楓涇古鎮の運河に面して連なる、軒の深い歩廊

南潯人家飯店
<small>ナンジュンニンカハシテン</small>

Nanxun Renjia Restaurant

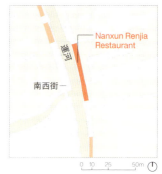

浙江省湖州市の南潯古鎮（ナンジュンコチン）は、13世紀に製糸業によって多大な富を得たまちで、運河に沿って町家が建ち並ぶ。町家は基本的に1階が店舗、2階が住居で、運河沿いの1階部分が屋根付きの歩廊となっている。戸境の白い卯建（うだつ）壁と、そこに設けられたアーチ開口によって、隣家とつながるリズミカルな歩廊を生んでいる。歩廊に面する建物の1階部分はレストランやお土産屋として使われ、運河側の立ち上りに造り付けベンチやテーブルが設えられ、食事や休憩をとることができる。また、地元の住民も、水辺の階段での洗い物や、手仕事、生活の往来に使用するなど活気に溢れている。

　この歩廊のすぐ横に設けられた竈からいい匂いが立ち込めてあまりにも美味しそうだったので、人生で初めて蛙を食べることとなった、美味。

上　食事の人、バイク、歩行者が様々に交差
下　歩廊近くの竈から立ち上る料理の湯気
右　運河への転落防止を兼ねたベンチとテーブル、
　　卯建壁で設えられた食事空間

運河から見る長屋の並びと連続する歩廊

SHANGHAI·HUZHOU·HANGZHOU, China

三百園遊船碼頭
Sanbaiyuan Cruise Terminal

上海市金山区の楓涇古鎮（フウケイコチン）にある、運河と街路を結ぶように位置する船着場。屋根付きのボート乗り場はコの字平面で道に対して開き、人の流れを受け止めるような広場をつくっている。同時に、運河沿いは庇が間口いっぱいに広がることで、両隣の町家がもつ水平性を連続させている。隣家側の壁沿いには、広場を囲うようにベンチが設らえられて穏やかな一体感が醸し出されている。運河沿いはさらに木製の背もたれが緩やかな角度で設えられ、あたかも身体を横たえるよう誘っているかのようである。

　訪れた時には数名の中年男性がここに腰をかけて会話をしていたが、1人は気持ちよさそうに昼寝をしていた。この差し込む暖かく柔らかな日差しと、このベンチの設えでは仕方あるまい。

絶平街から見る船着場の屋根とそれに囲まれた広場

上　対岸から見た開放的な構えの船着場
下　運河側から見た広場
右　穏やかな日差しが差し込む運河側の
　　庇下空間は絶好の昼寝場所

SHANGHAI・HUZHOU・HANGZHOU, China

201

SHANGHAI·HUZHOU·HANGZHOU, China

湧金楼
ヨウキンロウ
Yongjin Lou

浙江省杭州市の西湖と、ホテルの内部空間を結ぶように位置する亭（中国風の東屋）。西湖の畔の遊歩道を一部跨ぐようにして建ち、趣の違う領域を分かつ門のような役割を果たす。遊歩道の貫通する壁には真ん中に丸い開口が開けられ、西湖へ向かう人々は必ずここを通る。曲線で柔らかい表情をなす木製ベンチと、梁から下がる繊細な格子のモチーフは、露がかる西湖と枝垂れ柳の絶景を切り取っている。

また、小さいながらも中国将棋用のテーブルが設けられ、将棋を興じる場となっている。中国将棋のテーブルには、しばしば初老の男性が集っており、その真剣な表情は寒さを忘れているようだ。

左　亭越しに見るグレーに霞がかった西湖
上　園路から見える亭の丸窓
下　造り付けの中国将棋用テーブル

霞がかる西湖、枝垂れる柳とともに亭がつくる美しい情景

SHANGHAI·HUZHOU·HANGZHOU, China

11 屋根のある橋や舞台が
まちの要所をなす山岳都市

成都・阿壩

CHENGDU・ABA, China

水上貿易都市として盛えた成都

中国南西部にある四川省の省都であり、重慶と並ぶ要衝とされる成都市。紀元前からの繁栄に引き続き、魏・呉・蜀が覇権を争った三国時代には蜀の都として栄え、肥沃な土地と水資源に恵まれていた。古くから農業が盛んであり「天府の国」と呼ばれてきた。なかでも成都市街地からバスで1時間ほど南下した黄龍渓古鎮（オウリュウケイコチン）は自然豊かで歴史ある水郷のまちで、水上貿易街として栄えた地域である。川幅が広く水流も穏やかなので水運に適した場所として発展し、上流の成都と下流の重慶を結んで周囲の豊富な農産物が往来していた。清の時代に建てられた寺、祠、古民家など、木架構と青瓦の屋根の歴史的な建造物が今もなおまちの風景をつくっている。

チベット族の文化が残る西索村（サイサクソン）

四川省のなかでも平野の広がる成都市に対して、その西側、チベット高原の東側には、海抜2000mを超す山岳地帯が広がり、多様なチベット族の居住する集落がみられる。

なかでも標高2700mにある西部のアバ・チベット族チャン族自治州の西索村は、清朝時代の中頃に建てられたギャロン・チベット族の文化的な住居が残る集落である。ブルーストーンの舗装が続く道の合間に高密度に建つ石造りの建物の多くは、1階に家畜小屋、2階に厨房と宿泊施設、3階は客室で構成される。最上階には開放的な半屋外空間があることから、建築自体を望楼とも呼ぶ。これら石造りの望楼は、夏は冷涼な風を取り込み、冬は蓄熱して暖かな環境をつくると同時に、窓枠の精巧な彫刻や彩色がとても美しく文化を色濃く反映している。

転経橋越しにみた西索村の家々の風景

黄龍渓古鎮の古戯台
Old Drama Stage in Huanglongxi Old Town

四川省成都市の黄龍渓古鎮にある、古龍寺（コリュウジ）の入口に設けられた古舞台。古戯台、あるいは万年台（マンネンダイ）などと呼ばれるもので、清時代に建造され300年以上の歴史をもっている。寺の敷地外に対しては堂々とした門構えで、門をくぐり抜けると頭上には中庭に面するこの木造の古舞台が設けられている。神々の祭事のほか、舞台として使用されない時には茶房として利用され、内部には竹でつくられた椅子とテーブルのセットが用意されている。

　内部からは寺院の本堂と中庭を見渡すことができ、訪れた際も、門番ともいえるようなお婆さんが新聞を片手にくつろいでいた。わたしたちから見たら特別な舞台だが、住民たちにとっては身近に暇を過ごす場なのだろう。

寺院の門の役割を果たしながら中庭に面して演出的な設えをもつ古舞台

左 通常、設えられている
　　茶房用のテーブルセット
上 舞台からみた寺院の広場
下 舞台下の切符売り場

CHENGDU・ABA, China

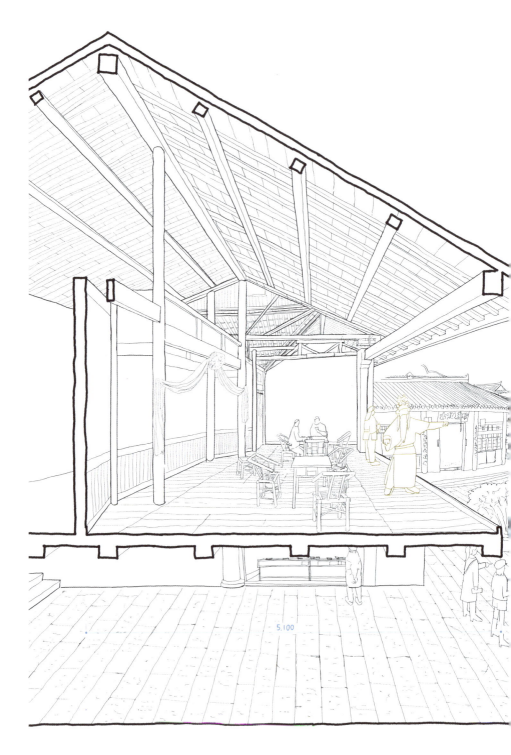

CHENGDU・ABA, China

陳家水碾橋
Chen's Water Quern Bridge

四川省成都市の黄龍渓古鎮にあり、13世紀頃に建てられた、村の居住地と農作業地を隔てる川の上に跨がる橋。人々が住宅から田畑へと向かう際に必ず通る。その屋根下には水碾（スイテン）という、水力を利用して穀物をすり潰す農具が2つ配され、住民がともに農作業を行う場所でもある。川の水を塞き止めている木板の開閉を調整することで水を流し、橋の下にある歯車を回して橋の上の石器を回転させ、その石器が穀物をすり潰す仕組みになっている。

あちらとこちらを渡す機能としての橋に屋根がかかり、そこで人々が対話しながら農作業を行う、そんな自然を楽しむ農家仕事の情景が浮かんでくるような庇の空間。

上 穀物をすり潰すための据付農具
下 水力を有効利用する下部の旋盤
右 簡素な屋根で覆われた
　2つの据えつけ農具と作業空間

川の流れや樹木の緑を感じながら農作業ができる橋

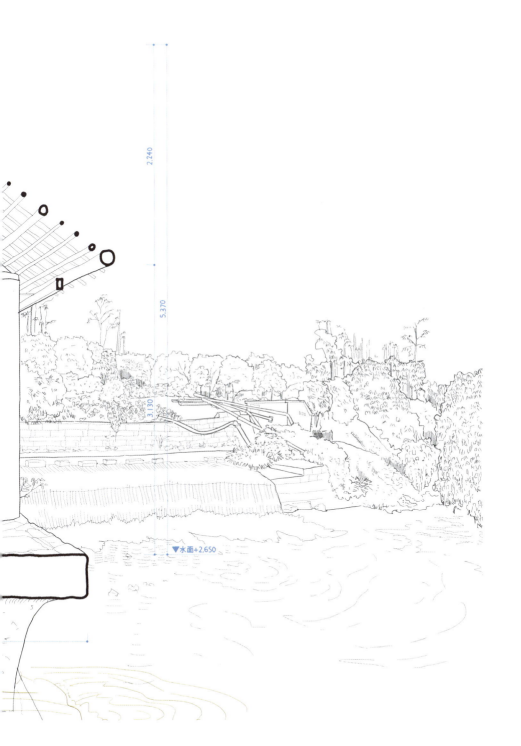

CHENGDU・ABA, China

西索村の転経橋
(サイサクソン)(テンキョウキョウ)
Zhuanjing Bridge in Xisuo Village

　四川省のなかでも、西部のアバ・チベット族チャン族自治州に位置する西索村と呼ばれるこの地域は、ギャロン・チベット族の暮らす村である。村は川と山に囲まれているため、村へは川を渡ってアクセスする必要があり、この転経橋は入口に架かる橋である。村へのメインエントランスの役割を担うこの橋には木造の屋根がかけられ、チベット仏教特有の装飾が施されている。橋の両側には仏経 (ブッキョウ) が書かれた仏具、マニ車 (転経筒) が等間隔に配され、これを順に回すことは御経を読むことと等価だとされている。村民は朝、仕事に出かけるときや、夜、村へ戻る時に日々の習慣として転経筒を回して橋を渡って行く。

　日々の暮らしと祈りの習慣が近く、民族のアイデンティティを強く感じられる集落。橋を渡る、祈る、村に入る、という3つが重なるこの屋根空間の体験を経ると、すっかり村人気分。

梭磨河を越えて村へ入るための転経橋

上　　橋の両側に24個並ぶマニ車
右上　マニ車に刻印された仏経
右下　民族特有の描画が施された妻面の幕板

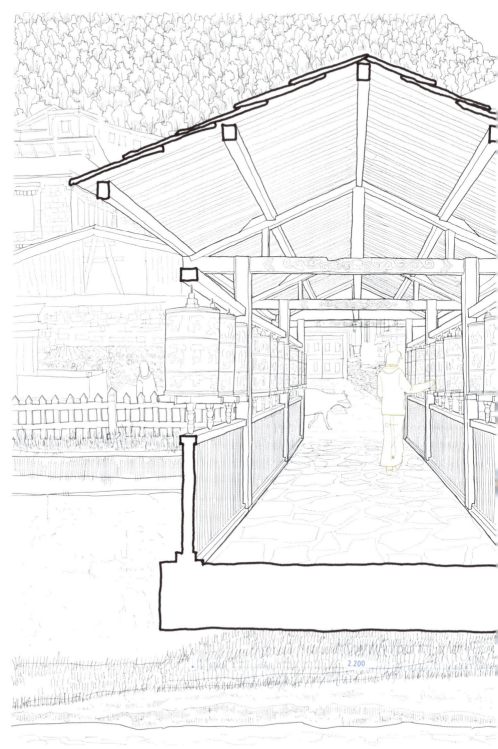

CHENGDU·ABA, China

植民地や周辺地域の影響を受けるまち
アメリカ南部にあるルイジアナ州の最大都市であり、ミシシッピ川の河口に位置する港湾都市。18世紀初頭にフランス植民地、その後スペイン統治を経たのち、19世紀初頭にルイジアナ州がアメリカ合衆国に売却された。スープ皿という異名をもつこの地域の大部分は湿地帯で、台風による水害、浸水などが繰り返し発生してきた。19世紀半ばには奴隷貿易の拠点となっていたこともあり、音楽、食、暮らしは多様な文化の影響を受けている。

人口増加を支えたショットガンハウス
西ルイジアナ州ニューオーリンズで最も発達した住宅形式の1つである、木造枠組み壁構法の「ショットガンハウス」。19世紀前半から20世紀初めにかけて、アメリカ南部で多く建設された住宅形式である。敷地の間口幅に従って財産税が課せられていた当時に開発されたため、間口が3.5mを超えることがなく、狭い間口に対して深い奥行きには、通り側からポーチ、リビング、寝室、台所と順番に連なる。住宅地では、住民の生活を楽しむ設えの溢れるポーチが反復し、愛らしいまちの雰囲気をつくっている。

西欧文化の影響を受けるポンタルバ・アパート
ニューオーリンズのなかでも、フレンチ・クオーターという名前で親しまれている旧市街の一画があり、この街並みをつくる建物の多くは、主に18世紀末から19世紀初頭のスペイン統治期に建てられた。ポンタルバ・ビルディングあるいはポンタルバ・アパートと呼ばれる建物のファサードには、当時ヨーロッパから輸入された鋳鉄製のレースワークを装飾とする柱、手すりを用いたバルコニーが設けられている。スペインやフランス統治の影響を受けた異質な雰囲気をもつまちであるとともに、ジャズ文化のメッカとしても知られている。

12 小さな間口に家具の溢れる
バルコニーが続くまち

ニューオーリンズ
NEW ORLEANS, U.S.A.

道に面してポーチが反復するショットガンハウスの街並み

ダブル・ショットガンハウス
Double Shotgun House

ニューオーリンズ市街地近郊の住宅地に建ち並ぶダブルショットガンハウス。間口が狭く奥行きの長い住宅形式「ショットガンハウス」が、この事例では壁1枚を共有して2棟合わせて建てられ、ひとつながりのポーチも共有されている。小さな間口いっぱいに設えられた高床のポーチは同一平面で規格化されており、道路境界線からの距離もストリートごとに決められているのでポーチが連続する街並みとなる。ポーチの床の高さや奥行きなどは同じだが、各住宅で柱、外壁の塗装、床の仕上げがカスタマイズされ多彩な風景となっている。ポーチには、前庭の植栽によるスクリーンや、ソファやテーブル、ハンモックといった家具が置かれ、家族の居場所となっている。構築物を共有しながら、左右で少しずつ植栽や家具の違いがあり、各家庭の色を表している。

　通りに反復するポーチの設えを見ているだけで、たくさんの住人に出会った気持ちになれる、楽しい地区。

上　各世帯で思い思いに設えられた家具
下　ポーチと前面歩道をつなぐ庭
右　道路からのセットバックが共有され、ポーチが連続する風景

道に面してポーチをもつショットガンハウスのファサード

12 | ニューオーリンズ

NEW ORLEANS, U.S.A.

キャメルバック・ショットガンハウス
Camel back Shotgun House

　同じくニューオーリンズ市街地近郊の住宅地にあるダブルショットガンハウス。そのなかでも、ファサード面からセットバックした位置に2階部分をもつ建物形式、キャメルバックである。このキャメルバック住宅のポーチには、正面の間口いっぱいに深いオーニングが設けられており、日射と室内への視線を調整するスクリーンの役割をもつ。階段がポーチの左右両側に設けられ、床面は通りよりも860mmほど高くなっており、通りに向かってソファやロッキングチェア、椅子などが置かれている。

　訪れた際には、ポーチに季節の装飾がたくさん施されており、家族で過ごす空間となっていることが窺えた。

228　　12｜ニューオーリンズ

歩道の境界柵から電飾が続くポーチの外観

上　ポーチと適度な距離、高低差のある歩道
下　深いオーニングはしっかり固定
右　たくさんのソファが設えられた奥行きの深いポーチ

NEW ORLEANS, U.S.A.

12 | ニューオーリンズ

NEW ORLEANS, U.S.A.

トロピカル・アイル
Tropical Isle

ニューオーリンズ旧市街フレンチクオーターのオーリンズ通りとバーボン通りの角地に建つ店舗の2層に積層するバルコニー。この建物は1809年に建設されたと考えられており、19世紀初頭まで続いたフランス植民地時代の建築様式の影響を強く受けている。都市部の角地建築は商業用途であることが義務付けられ、その際に歩道に屋根を架けることが許可された。ギャラリーの柱梁といった主要構造と手すりは、ともに細かく美しい装飾の鋳鉄でできている。地上レベルでは歩道にギャラリーの柱が並び、2階は店舗のテラス席となってテーブルセットが置かれ、パラソルによって日射が調整されている。そこから通りを眺めると、繊細な鋳鉄のフレーム柱からなるギャラリーが周囲の建物にも反復され、美しい街並みが見通せる。

　夕方からは、一層この装飾も色づいて見え、お酒と音楽と建築にひたりながら深く酔えるまち。

左　2階のバルコニーは鋳鉄の柱も美しくロマンティック
右　通りに反復するギャラリーの小径柱

オーリンズ通りとバーボン通りの交差点に曲面で展開するバルコニー

NEW ORLEANS, U.S.A.

インド洋

珊瑚海

オーストラリア
クイーンズランド州

グレート
オーストラリア湾

タスマン海

レガッタ・ホテル

ケンブリッジ通りの
クイーンズランダー

モートン湾

ブリスベン川

アイザック通りの
クイーンズランダー

ピープルズ・パレス

13 地形と洪水に適応し 温暖気候を愉しむヴェランダのまち

ブリスベン

BRISBANE, Australia

川と起伏とともにあるまち

オーストラリア、クイーンズランド州の南東部に位置する州都ブリスベンは、都市域人口200万人ほどが住まう、シドニー、メルボルンに次ぐオーストラリア第3の都市である。19世紀、ヨーロッパ人による入植が始まって開発が起こり、第2次世界大戦中はアメリカ軍の太平洋南西部での活動拠点に。そうした歴史を経て、原住民族をはじめとする歴史的な文化や、移民の増加とともに緩やかに成長してきた都市である。市街地には多くの小川が流れ、フェリーなど海上交通を含む特徴的な暮らしが見られる一方で、ブリスベン川の記録的な洪水などによって、市民生活に甚大な被害をもたらしてきた歴史もある。

まちを支えた高床式木造住宅
クイーンズランダー

入植初期より州全体で量産された高床式木造住宅のクイーンズランダーは、市街地開発の労働者や急増した移民の住居を安価かつ迅速に確保するため、プレカットの組立式構法として開発された、地域固有の建築形式である。街路に対して開放的なヴェランダを持ち、木杭の上に住宅を乗せた構造であるため、起伏ある地形や自動車の有無などによって高さの調整や移築が自由で、規格化されつつも多様性を生み出している。市街地にもこれらクイーンズランダーが建ち並ぶ住宅地は今も多く残り、1946年以前に建てられた住宅は市の条例によって建て壊しが禁止され、増改築も規制がかかるなど、その保存が積極的に進められている。

起伏の激しいブリスベンのまちにクイーンズランダーが反復する

アイザック通りの クイーンズランダー
Queenslander in Isaac St.

ブリスベンのなかでも初期に開発されたスプリングヒル地区では、ヴェランダをもつ非常に小規模なクイーンズランダーが近しい距離で反復し、道路とヴェランダとの距離もとても近い。まちには起伏が多く、傾斜した道路に対して、水害を防ぐように高床が設定されるため、ヴェランダの位置は道路面よりも高くなる。このため、ヴェランダで過ごす住人と歩行者の視線は合いにくい。さらには落下防止の手すりの装飾が目隠しとなったり、ベンチやハンモックといった家具が置かれることでカスタマイズされており、通りからは人々がくつろぐ様子がちらちらと垣間見える。

訪れた日は、Tシャツを脱いでトレーニングをするお爺さんと目が合い、少し照れながら微笑み合った。

アイザック通りに面してヴェランダが並ぶクイーンズランダーの家々

左 ヴェランダ越しに隣家のヴェランダが見える
上 ヴェランダにおかれた家具
下 床を支える杭と鼠返しの板金

13｜ブリスベン

BRISBANE, Australia

ケンブリッジ通りの
クイーンズランダー
Queenslander in Cambridge St.

アイザック通りと同様に、19世紀末、ブリスベンに建てられたクイーンズランダー。ウェスト・エンド地区のケンブリッジ通りは、敷地奥の庭側から通りに向かって大きく傾斜がついているため、多くの住宅は平屋を庭側に設置し、道路側を2階の高さまで持ち上げて建つ。道路側の1階にあたる部分を車庫として利用しながら傾斜を調整しつつ、数年に一度ほど起こる洪水への対策をとっている。隣り合う住宅もおおよそ同様の解決をするため、互いのヴェランダが近くに位置し、住人間のコミュニケーションが自然に生まれる。

　樹々に囲まれ、ソファやテーブルが置かれたヴェランダは外部でありながらもくつろぎの雰囲気がある。住人はもちろんのこと、犬もとても気持ちよさそうな表情！

ケンブリッジ通りに面して並ぶヴェランダのある2階建てクイーンズランダーの家々

上　庭側のヴェランダ
下　鉢植え越しにみえる隣家のヴェランダ
右　隣家との間の樹木が目隠となる2階のヴェランダ

BRISBANE, Australia

レガッタ・ホテル
Regatta Hotel

ブリスベンにおいて1874年に平屋のバーとして建設された後、1887年にヴェランダつきのホテルとして改築され、現在はカフェとして使われている角地の建物。街路とその先のブリスベン川に面するファサードには、3層に渡り奥行3mほどのヴェランダが設けられている。

　1階では坂道を調整し、2階では高い階高で最も開放的に、3階では低い階高でファサードを調整している。白く塗られた鋳鉄の柱、手すり、垂れ壁がファサードに統一感のある美しい外観を与えている。

　ブリスベンは1年中温暖な地域で屋外でも過ごせる期間が長い。繊細なモチーフの鋳鉄製の柱、手すり、垂れ壁がヴェランダに射す光を和らげて、年間を通して心地よく風が通る人々の居場所となっている。

　調査中の学生ながらも、ヴェランダでカクテルを片手に見た、装飾越しの風景は格別だった。

左　2階角部の曲面ヴェランダ席より
　　川と通りを見下ろす
上　ヴェランダ越しにみえる夕焼け色のブリスベン川
下　調度品のような木製開口部と
　　雰囲気の連続する1Fのヴェランダ

シルバン・ロードとコロネーション・ドライブの交差点に建つ曲面ヴェランダのファサード

BRISBANE, Australia

BRISBANE, Australia

エドワード通りとアン通りの交差点に面してL字に展開する積層ヴェランダ

ピープルズ・パレス
People's Palace

1911年、禁酒運動のなか、労働者階級やホームレスによる飲酒やギャンブルなど社会悪からの避難所として、キリスト教の教会および慈善団体である救世軍によって建設された宿泊施設。軍内の建築家カーネル・サンダースによる設計。当時は病院に幽閉されることの多かった精神障害者が地域の拠り所として利用した場所で、その後、救世軍の事務所として使用された後、1970年代からバックパッカーズ・ホステルとして使用されている。ブリスベン中央駅の斜向かいの角地に建ち、鋳鉄製のヴェランダが街路に面するファサードの4層に渡って設けられている。強い日差しが手すりや垂れ壁の装飾を通してヴェランダの床や壁に影を落とす。特に黒い床板の上に落ちる濃い影が美しい。

　ビルが建ち並ぶ景色を見下ろせるこの場所は、ホステルのスタッフのちょっとした息抜きや宿泊客の談笑スペースには最適である。

右上　美しい鋳鉄レースに切り取られたまちの風景
右下　4階のヴェランダからはまちの風景が見通せる
左2点　各階ヴェランダでくつろぐ人々

13 | ブリスベン

BRISBANE, Australia

調査日程・調査協力者・写真撮影者リスト

表中の調査メンバーに付した番号は、各調査が以下の組織に基づいていたことを示す。
また、本書に収録されている写真は、各地の調査メンバーによって撮影がなされている。
①東京工業大学 塚本由晴研究室／②日本工業大学 金野千恵研究室／
③teco／④京都工芸繊維大学 金野千恵研究室（+表記は共同研究者）

渡航期間		調査国・地域	調査メンバー
2008	8.06-8.16	インド：デリー、ジャイプル、ジャイサルメール、ジョードプル、アーメダバード、ムンバイ	①塚本由晴、金野千恵、後藤弘旭
2009	3.29-4.09	オーストラリア：ブリスベン	①金野千恵、山道拓人、坂根みなほ、宮城島崇人
	8.04-8.15	イタリア：アマルフィ、ボローニャ、ナポリ、ポジターノ、ソレント、プロチダ島	①塚本由晴、金野千恵、佐々木啓
2010	8.23-9.03	イタリア：ヴェネツィア、マルティーナ・フランカ、ロコロトンド、プロチダ島、ポジターノ	金野千恵+能作文徳+常山未央
2011	3.12-3.22	中国：上海、杭州	①金野千恵、袁碩、Alexander Boyea
	6.24	日本：滋賀	①塚本由晴、袁碩、河西孝平、高橋浩人、會田倫久、側嶋秀明
	6.25-7.2.	韓国：グワンジュ	①塚本由晴、佐々木啓、後藤弘旭、赤松慎太郎、梯誠、野澤真佑、Hanna Jin
	8.07-8.14	クロアチア：グロズニャン、モトヴン、オプルターリュ、スヴェティ・ロヴレチ、ソヴィニャック、ドゥブロヴニク	①塚本由晴、日高海渡、塚本晃子、千葉元生＋貝島桃代
	8.11-9.02	オーストラリア：ブリスベン	①金野千恵、戸井田哲郎、信川佑輝、横田成輝
	9.2-9.11.	イタリア：ヴェネツィア、ヴィチェンツァ、フィレンツェ、ローマ、ボローニャ、プロチダ島	①日高海渡
	12.11-12.23	中国：成都、阿壩	①袁碩、千葉元生
2012	1.20-2.01	アメリカ合衆国：ニューオーリンズ	①河西孝平、高橋浩人
	2.18-2.29	インド：コルカタ、バラナシ、アグラ、デリー	①會田倫久、側嶋秀明
2013	6.26-6.30	オーストラリア：ブリスベン	金野千恵
2014	6.29-6.30	日本：青森県黒石	②金野千恵、石澤安奈人
	8.05-8.09.	ベトナム：ハノイ、ホイアン	②金野千恵、石澤安弥人、須賀川雄哉
	8.10-8.16	ネパール：カトマンズ、バクタプル、パタン	②金野千恵、石澤安弥人、須賀川雄哉
	8.17-8.20	シンガポール	②金野千恵、石澤安弥人、須賀川雄哉
2015	10.23-10.26	台湾：台北、台中	金野千恵
2016	2.27-3.01	シンガポール	③金野千恵
	5.08-5.30	イタリア：ヴェネツィア	③金野千恵、アリソン理恵
	9.10-9.19	イタリア：ヴェネツィア、パドヴァ、ブレシア	③金野千恵
2017	8.17-8.24	タイ：バンコク、チェンマイ	③金野千恵
2018	8.02-8.06	インドネシア：バリ島	③金野千恵、アリソン理恵、下岡未歩
	11.04-11.11	クロアチア：グロズニャン、モトヴン、オプルターリュ、スヴェティ・ロヴレチ、ソヴィニャック、スプリット、トロギール、ドゥブロヴニク	③金野千恵、下岡未歩、+ Krešimir Rogina
2019	5.18-5.21	中国：上海、杭州	③金野千恵
	8.09-8.20	イタリア：ナポリ、プロチダ島、ポジターノ、フィレンツェ、ボローニャ、ヴェネツィア、パドヴァ	金野千恵
	10.05-10.15	メキシコ：オアハカ、テウチトラン、メキシコ・シティ	金野千恵
2022	10.20-10.23	日本：沖縄	金野千恵
2023	2.20-2.28	インドネシア：バリ	④金野千恵、沼畑光汰、前田将平、+ 武田光史 + 赤松加寿江 + Davina Iwana
	8.09-8.13	シンガポール	金野千恵 + Tat Haur Lee
	10.25-11.06	ブラジル：サン・パウロ、ベレン、アカラー、ソウレ、モコカ	金野千恵 + 塚本由晴 + Gabriel Kogan
	11.16-11.24	インドネシア：バリ	④金野千恵、谷口佳穂、渡辺風樹、+ 赤松加寿江 + Davina Iwana
	12.08-12.10	シンガポール	金野千恵 + Tat Haur Lee
2024	3.03-3.22	インドネシア：バリ	④渡辺風樹、増田一真
	8.14-8.19	台湾：宜蘭、台北、台中	金野千恵
	9.14-12.26	スイス：チューリッヒ、オッテルフィンゲン、モンテ・カラッソ、ヴヴェイ、ツォーツ	金野千恵
	9.15	ベトナム：ハノイ、ホイアン	小泉亮輔
	9.29-9.30	イタリア：ボローニャ、パドヴァ、フィレンツェ	金野千恵
	11.16-11.17	イタリア：ヴァレーゼ	金野千恵
	11.30	日本：京都	④沼畑光汰
2025	1.11 1.12.	イタリア：ボローニャ、フィレンツェ、ヴィチェンツァ	④谷口佳穂
	1.16	オーストラリア：ブリスベン	土岐文乃

あとがき

2006年に初めてロッジアと出会ってから20年という節目を迎える今、この書籍を世に送り出せることを心から嬉しく思います。想像以上の歳月を要しましたが、多くの方々の支えがあったからこそ、この研究を続け、出版を実現することができました。

　まず、ロッジアを通してわたしの建築の基盤を築くために長年にわたりご指導下さった恩師・塚本由晴先生、ロッジアへの扉を開いてくださったペーター・メルクリ先生に、深く感謝申し上げます。また、2013年の企画時から伴走してくださった学芸出版社の井口夏実さん、図版づくりの苦楽を共にしてくれたｔｅｃｏ草創期からのスタッフ・下岡未歩さん、この日を心待ちに応援してくれた家族にも、この場を借りて心より御礼申し上げます。さらに、調査に協力してくださった東京工業大学塚本研究室の同級生や後輩たち、日本工業大学・京都工芸繊維大学の金野研究室のみんな、共同研究者や現地で支えてくださった方々、執筆を辛抱強く見守ってくれたｔｅｃｏの他スタッフにも、深い感謝を捧げます。

　どの地域のロッジアに身を置いても、そこには環境と一体となる感覚があり、人々の暮らしが息づき、まちに受け入れられる温かさを感じました。調査の最中、心地よさのあまり眠りに落ちたことが一度や二度ではなかったのは、そこに安心感と親密さが満ちていたからだと思います。特に印象的なロッジアには、そこに集う人々の姿が刻まれています。裏表紙の写真に登場するミシンおじさんもその一人で、談笑しながらミシンを使っていた光景が、いまでも鮮明に思い出されます。

　ロッジアは、人と環境をつなぎ、そこに愉しみを生み出してくれる存在です。そして、わたしが建築を信じる礎でもあります。この書籍を通して、その魅力が一人でも多くの方々に届き、未来へと伝播していくことを心から願っています。

　暇も集いもある愉しみを、どうぞ感じ取っていただけますように。

2025年1月
金野千恵

本書は、財団法人 高橋産業経済研究財団 2011年度 研究助成、日本工業大学 2014年度 特別研究費、京都工芸繊維大学コモンズ研究会 2022・2023年度 研究費を受けて調査が行われ、公益財団法人 窓研究所2022年度 出版助成を受けて発行されました。

著者

金野 千恵（こんの・ちえ）

1981年神奈川県生まれ。2005年東京工業大学工学部建築学科卒業。
2005-06年スイス連邦工科大学チューリッヒ校（ETHZ）奨学生。2011年
東京工業大学大学院博士課程修了、博士（工学）。2011年KONNO設立。
2015年teco設立。2011-12年神戸芸術工科大学大学院助手。2013-16年
日本工業大学助教。2021年より京都工芸繊維大学特任准教授。2024年スイ
ス連邦工科大学チューリッヒ校（ETHZ）客員教員。
主な作品に、『春日台センターセンター』（2023年日本建築学会賞（作品））、
『幼・老・食の堂』（2016年SDレビュー鹿島賞）、『en（縁）：art of nexus』
（ヴェネツィアビエンナーレ国際建築展2016特別表彰）、『向陽ロッジアハウ
ス』（平成24年東京建築士会住宅建築賞金賞）他。

ロッジア
世界の半屋外空間
暇も集いも愉しむ場

2025年3月15日　第1版第1刷発行

著者　　　金野 千恵

発行者　　井口 夏実
発行所　　株式会社学芸出版社
　　　　　〒600-8216　京都市下京区木津屋橋通西洞院東入
　　　　　tel 075-343-0811
　　　　　http://www.gakugei-pub.jp/
　　　　　E-mail: info@gakugei-pub.jp
編集　　　井口 夏実・沖村 明日花
営業　　　沖村 明日花

図版作成　金野 千恵 + 下岡 未歩
協力　　　東京工業大学 塚本由晴研究室
　　　　　日本工業大学 金野千恵研究室
　　　　　京都工芸繊維大学 金野千恵研究室
　　　　　teco（下岡 未歩、門脇 春佳、Davina Iwana）

装丁・DTP　加藤 賢策・林 宏香（LABORATORIES）
印刷・製本　シナノパブリッシングプレス
出版助成　　公益財団法人 窓研究所2022年度出版助成

©金野千恵 2025 Printed in Japan
ISBN978-4-7615-3307-6

JCOPY （(社)出版者著作権管理機構委託出版物）
　本書の無断複写（電子化を含む）は著作権法上での例外を除き禁じられ
ています。複写される場合は、そのつど事前に、(社)出版者著作権管理機
構（電話 03-5244-5088、FAX 03-5244-5089、e-mail: info@jcopy.or.jp）の許
諾を得てください。
　また本書を代行業者等の第三者に依頼してスキャンやデジタル化するこ
とは、たとえ個人や家庭内での利用でも著作権法違反です。